Arno Surminski
Der Winter der Tiere

Arno Surminski

Der Winter der Tiere

Erzählungen

Ullstein

Für Emily

Der Ullstein Verlag ist ein Unternehmen der
Econ Ullstein List Verlag GmbH & Co. KG, München

Satz: Dörlemann Satz, Lemförde
Druck und Bearbeitung: Bercker Grafischer Betrieb GmbH,
Kevelaer
Printed in Germany 2002
ISBN 3 550 08378 5

Inhalt

Von Millionären und anderen Glücksfällen

Nur keine Träne nachweinen …

Von der Menschlichkeit in Zeiten des Krieges

Von Millionären
und anderen Glücksfällen

Ali und die fünf Sterne

Lassek war keine vier Stunden auf der Insel, als ihm das Glück schon nachgelaufen kam.

»Hallo!«, rief es, als er, einen Parkplatz suchend, die Autoreihen am Strand abfuhr. Ein junges Gesicht lächelte ihn an. Nein, einen Parkplatz habe es nicht zu bieten, aber das ganz große Glück. Der Mann, afrikanisch gebräunt, zeigte zu den grauen Bergen.

»In einer Woche wird dort oben ein Fünf-Sterne-Hotel eröffnet«, erklärte er. »Die Direktion veranstaltet heute eine Führung durchs Haus, dabei werden bedeutende Preise vergeben.«

Die braune Hand schob ein Kärtchen durchs Fenster. Lassek sollte drei abgedeckte Kreise freilegen, rubbeln nannte der Mann es.

»Wenn du Glück hast, kommt das große Los zum Vorschein.«

Als Lassek zögerte, machte er es ihm vor und rubbelte im ersten Kreis ein Bild der Insel frei. Den zweiten Kreis bearbeitete Lassek selbst mit dem Daumen: wieder die Insel.

Den Glücksbringer erfasste eine freudige Erregung.

»Wenn auch im dritten Kreis die Insel auftaucht, hast du das große Los gewonnen!«, rief er.

Hinter Lassek hupte einer, der auch einen Parkplatz suchte.

Der junge Mann bat ihn, doch endlich den dritten Kreis freizurubbeln.

»Du darfst das Glück nicht wegwerfen!«, beschwor er ihn.

Da war sie wieder, die Insel.

»Gewonnen!«, hörte Lassek einen Jubelschrei. Die braune Hand drängte sich ihm auf, beglückwünschte ihn. Das Auto hinter ihnen hupte.

»Stell dir vor, ich habe einen Sieger!«, rief der junge Mann einem Mädchen zu, das eine Reihe weiter das Glück in Gestalt von Rubbelkarten spazieren trug. Er war außer sich vor Freude. Fünftausend Peseten bekomme er, wenn er einen Sieger ins Hotel bringe. Auf der Rückseite der Rubbelkarte waren die möglichen Gewinne verzeichnet: eine Stereoanlage, Videorekorder, eine kostenlose Reise in ein Fünf-Sterne-Hotel.

»Es muss aber schnell gehen«, drängte er. »Nur bis sechzehn Uhr finden die Führungen statt, anschließend werden die Preise verteilt.«

»Eigentlich wollte ich im Atlantik baden«, brummte Lassek.

»Aber nicht an einem solchen Glückstag!«, rief der junge Freund. »Du musst mit beiden Händen zugreifen, es ist dein Tag!«

Als der junge Mann vorschlug, in Lasseks Auto zu steigen, um ihm den Weg zu dem sagenhaften Hotel zu zeigen, fand sich Lassek schon in einer Stimmung, die es nicht mehr zuließ, das Angebot auszuschlagen. Der Junge war so freudig gestimmt, Lassek musste auf das Bad im Atlantik verzichten und mit ihm zu den grauen Bergen fahren.

Kaum saß der Glücksbringer auf dem Beifahrersitz, stellte er sich vor: »Ich heiße Ali und komme von drüben.« Er zeigte über das Meer zu einer Küste, hinter der die Wüste Sahara zu vermuten war.

Während sie die Serpentinen fuhren, erteilte Ali Ratschläge: »Sie werden dich nach Alter und Beruf fragen. Das musst du ihnen sagen. An der Führung können nur Personen zwischen siebenundzwanzig und fünfundsechzig Jahren teilnehmen. Außerdem musst du mindestens zwölf Stunden auf der Insel sein.«

»Ich bin vor vier Stunden gelandet«, gestand Lassek.

»Sag ihnen, dass du gestern Abend eingetroffen bist«, schlug Ali vor.

Ali zuliebe werde ich lügen, dachte Lassek. Was tut man nicht alles für das Glück.

»Übrigens kannst du im Hotel auch Apartments kaufen«, bemerkte Ali. »Du kannst sie selbst bewohnen oder sie an andere vermieten und damit reich werden.«

Also das war es. Lassek wäre gern umgekehrt,

aber er brachte es nicht über sich, Alis Glück zu zerstören. Der Junge freute sich, als wäre er der große Gewinner. Kurz vor dem Ziel trug Ali ihm auf, er müsse neunzig Minuten durchhalten.

»Wenn ein Besucher sagt, er habe keine Zeit, gibt es nichts zu gewinnen. Dann muss er das Hotel verlassen, und ich bekomme keine Peseten.«

Von zwei Wochen Urlaub wirst du wohl neunzig Minuten für Alis Glück erübrigen können, redete Lassek sich ein.

Sie brausten vor die Empfangshalle. Am Eingang unter himmelhohen Palmen wurden sie von hübsch gekleideten Hostessen empfangen, also eine Führung mit Damen. Ali suchte die richtige aus, die nämlich, die Lasseks Sprache beherrschte. Sie sagte, sie sei Holländerin, sah aber aus, als käme sie aus der Äußeren Mongolei. Sie war auch glücklich, weil sie das große Los gewonnen hatte.

Ali füllte einen Zettel aus, ließ ihn von der Hostess gegenzeichnen und verabschiedete sich mit Handschlag. Fröhlich hüpfte er über die Marmorfliesen einem Kiosk zu, vor dessen Eingang eine kräftige Señora saß. Lassek sah, dass sie ihm die Peseten auszahlte.

Es kam nun der angekündigte Fragebogen. Lassek verlegte seine Ankunft auf den vergangenen Abend, die Frage nach den neunzig Minuten beantwortete er mit der Gegenfrage, ob es wenigstens Kaffee gebe.

»Sie bekommen auch andere Getränke, und es kostet Sie nichts«, erklärte die Äußere Mongolei. Nebenbei erwähnte sie, dass er in dem Hotel schlafen oder Apartments kaufen könne, um damit reich zu werden.

Seinen Beruf verleugnete Lassek. Er fürchtete, wenn er wahrheitsgemäß Immobilienmakler in den Fragebogen schriebe, würde man ihn von der Führung und den Gewinnen ausschließen.

Allein war er nicht. Pausenlos fuhren Taxen vor, aus denen glückliche Menschen stiegen, ein Sieger nach dem anderen. Jeder wurde von einer Hostess in Empfang genommen und seinem Glück zugeführt. Die Äußere Mongolei suchte den passenden Begleiter für Lassek. Aus einer Reihe junger Männer, die in weißen Anzügen wie Marionetten vor dem Hotel Aufstellung genommen hatten, fiel die Wahl auf Mike, einen Burschen, dem man zutraute, vom Nordkap bis zur südlichen Insel zu segeln, anschließend die Sahara zu durchqueren, um schließlich seinen Männerdurst auf einer Yacht mit einem bestimmten Bier zu löschen.

Mike begrüßte Lassek mit kräftigem Händedruck und führte ihn in das Hotel. Den marmorgetäfelten Empfangsraum mit Kandelabern und Leuchtern ließen sie rechts liegen und steuerten einem Saal zu, in dem Menschengruppen an runden Tischen saßen. Als sie eintraten, ertönte eine

Glocke. Einige der Anwesenden sprangen auf und klatschten in die Hände.

Also Bingo!, dachte Lassek. Hier bekommst du deinen Kaffee.

Mike führte ihn zu einem der leeren Tische.

»Was halten Sie davon, Ihren Urlaub nur noch in Fünf-Sterne-Hotels zu verleben und dafür neunzig Euro die Woche zu zahlen?«, fragte er unvermittelt.

Bevor Lassek etwas sagen konnte, ertönte schon wieder die Glocke.

»Wenn es Ihnen zu wenig ist, können Sie natürlich mehr zahlen, aber unsere Organisation bietet Ihnen tatsächlich einen Urlaub für neunzig Euro die Woche.«

Mike zog einen Schreibblock aus der Mappe und malte Strichmännchen, während Lasseks innere Uhr zu laufen begann. Neunzig Minuten mit Mike, den Fünf-Sterne-Hotels und der Äußeren Mongolei, er wusste nicht, ob er es durchstehen würde. Wo blieb der Kaffee?

Lassek fragte Mike, woher er komme.

»Eigentlich aus Oldenburg«, antwortete der, »aber ich lebe schon lange im Süden.«

»Oldenburg soll eine ordentliche Universität haben«, spann Lassek den heimatlichen Faden weiter.

»Für die Uni Oldenburg war ich zu clever!«, rief Mike lachend. »Außerdem musste ich schnell

Geld verdienen und konnte mich nicht mit brotlosen Künsten aufhalten.«

Lassek schaute sich im Saal um und zählte mehr als fünfzig Sieger. Mit erwartungsvollem Gesichtsausdruck saßen sie an den Tischen, neben ihnen die smarten Jungs, die Strichmännchen auf Schreibblöcke malten und mit Segelyachten vom Nordkap nach Afrika fuhren. Wieder ertönte schicksalsschwer und drohend die Glocke.

»Wissen Sie, was es bedeutet?«, fragte Mike.

»Vermutlich Ring frei zur dritten Runde oder so.«

»Immer wenn die Glocke schlägt, hat unsere Organisation ein neues Mitglied gewonnen. Wir sind eine verschworene Gemeinschaft. Wir haben Mitglieder in allen Ländern der Erde, und bis zum Abend werden wir weitere fünfzig Mitglieder gewonnen haben, die unsere Organisation groß und stark machen.«

Lassek fiel die Unglücksglocke von Lloyd's of London ein, die immer dann ertönt, wenn ein Schiff in den Wellen versunken ist.

Noch siebzig Minuten, endlich kam der Kaffee.

Das Bimmeln der Unglücksglocke hatte Mike beflügelt. »Wir besitzen zweitausend Fünf-Sterne-Hotels«, schwärmte er. »All around the world«, fügte er weltgewandt hinzu. »Und wenn Sie Mitglied unserer Organisation werden, können Sie in jedem für neunzig Euro in der Woche leben.«

Er hatte wohl erwartet, dass sein Gast begeistert aufspringen werde, aber Lassek rührte umständlich seinen Kaffee, während er zuhörte, wohin das Glück ihn für neunzig Euro in der Woche tragen konnte: San Francisco und Hawaii, die Karibischen Inseln, den Nahen und Fernen Osten. Auch das liebe Heimatland führte Mike im Angebot, den Bayerischen Hof, das Marriott-Hotel in einer Großstadt an der Waterkant.

Lassek trank Kaffee und verlor sich in der schäumenden Brandung von Sunset Beach.

»Wir können Ihnen auch ein Fünf-Sterne-Hotel in Bangkok bieten«, erklärte Mike mit lüsternem Augenaufschlag. »Und vergessen Sie nicht: Die neunzig Euro sind für zwei Personen.«

Lassek ärgerte sich ein wenig, weil Mike ihn so einschätzte, als hätte er Lust auf Bangkok für zwei Personen zu neunzig Euro die Woche in einem Fünf-Sterne-Hotel.

»Haben Sie schon mal in einem Fünf-Sterne-Hotel geschlafen?«, schmiedete Mike das Eisen weiter.

Lassek nickte gelangweilt und erklärte beiläufig, dass er gewöhnlich dann in Fünf-Sterne-Hotels absteige, wenn andere Leute die Kosten trügen.

Die Antwort schien Mike zu verunsichern.

In diesem Augenblick ging wieder ein Schiff unter, von der Schicksalsglocke traurig begleitet.

»Also die Sache ist die«, kam Mike nun auf den

Punkt. »Sie kaufen ein lebenslanges Wohnrecht an der Suite eines Fünf-Sterne-Hotels und werden Mitglied unseres exklusiven Clubs. Jedes Mitglied besitzt irgendwo in der Welt ein solches Wohnrecht. Das tauschen die Mitglieder untereinander. Jeder kann kostenlos in einem Luxushotel wohnen, die neunzig Euro sind nur die Verwaltungskosten der Organisation.«

Den Preis des Wohnrechts verschwieg er. Lassek dachte an eine fünfstellige Summe.

Fünfzig Minuten waren vergangen. Lassek trank den Kaffee aus, blickte aus dem Fenster zu den hübschen Hostessen und den himmelhohen Palmen, während Mike mit Zahlen jonglierte und wie vermutet auf einen fünfstelligen Betrag kam, in amerikanischen Dollars.

»Fünf-Sterne-Hotels liegen mir eigentlich nicht«, gab Lassek zu Protokoll.

»Kein Problem!«, rief Mike voller Eifer. »Unsere Organisation hat Wohnmobile, Hausboote und Motorräder im Angebot. Eine Motorradreise von Helsinki nach Wladiwostok? Wir organisieren alles.«

Lassek schüttelte sich bei dem Gedanken, mit Mike auf dem Motorrad durchs lausige Sibirien zu holpern. Geduldig hörte er zu, wie Mike auf die Reiseveranstalter, Reisebüros und Fluglinien schimpfte. Deren Gewinnspanne könne jeder sparen, wenn er Mitglied der Organisation werde.

Hilfe suchend schaute Lassek sich um und entdeckte den Mann an der Glocke, einen Kerl, der so aussah, als könne er über glühende Kohlen laufen. Er hatte die Hand schon ausgestreckt, um wieder einen Schiffsuntergang anzukündigen, aber weil Lassek so halsstarrig und unbelehrbar war, musste er warten.

Bevor Mike zum großen Befreiungsschlag ausholte, sagte Lassek beiläufig: »Es ist leider so, dass ich überhaupt nicht mehr verreisen will. Ich kenne die Welt von Alaska bis Feuerland. In Zukunft werde ich die Sommer zu Hause in meinem Garten verbringen, vielleicht fahre ich mal nach Oldenburg.«

Mike war sprachlos. Das war ihm noch nie vorgekommen.

»Es sind zwar erst sechzig Minuten um«, sagte Lassek leise, »aber ich schlage vor, wir lassen die ganze Geschichte.«

»Da muss ich meinen Chef fragen«, antwortete Mike.

Der Mann, der über glühende Kohlen laufen konnte, kam zu ihnen an den Tisch.

»Wo liegt das Problem?«, fragte er.

Mike hatte Mühe, es zu erklären.

»Dieser Herr da«, stotterte er und zeigte mit dem Finger auf Lassek, »dieser Herr will überhaupt nicht mehr verreisen. Er behauptet, die ganze Welt zu kennen.«

Auch den Glockenschläger brachte es aus der Fassung.

»Solchen Menschen ist nicht zu helfen«, flüsterte er, »die muss man so sterben lassen.«

»Haben Sie denn für die allerletzte Reise kein passendes Angebot?«, spann Lassek den Faden weiter. »Ich dachte an einen Fünf-Sterne-Friedhof auf dem Tafelberg bei Kapstadt oder eine Lagerstätte am Fuße des Kilimandscharo.«

»Sie wollen uns wohl auf den Arm nehmen«, knurrte Mike, während der andere wie auf glühenden Kohlen davonging.

Nach fünfundsechzig Minuten endete die Sitzung, Mike gab auf und die Glocke musste für andere läuten.

»Mir wurde gesagt, ich hätte einen Preis gewonnen«, forschte Lassek hartnäckig.

»Natürlich, gewonnen ist gewonnen, die Organisation hält Wort.«

Mike geleitete ihn zu der Señora am Kiosk. Die verwaltete Geldscheine in einer Tragetasche, sie bezahlte die Rubbelkinder und den glücklichen Ali, gab Taxifahrern ihren Lohn, wenn sie die Sieger aus der Stadt zu den fünf Sternen brachten. Während Lassek mit der Señora verhandelte, schaute die Äußere Mongolei um die Ecke und winkte Mike zu, auf den neue, schwere Aufgaben warteten.

Die Señora überreichte Lassek einen goldumrandeten Umschlag. Darin befand sich ein Zertifikat, das in holprigem Deutsch versprach:

Einer Woche Urlaub umsonst zu einem Ort, den die Organisation bestimmt.

Ach Mike, vielleicht hättest du doch ein paar Semester in Oldenburg studieren sollen, dachte Lassek.

Im Kleingedruckten las er, dass das Geschenk an eine kleine Bedingung geknüpft war. Während des Urlaubs hatte sich der Gast zu einer Führung und einem Beratungsgespräch zur Verfügung zu halten, keineswegs nur neunzig Minuten, sondern einen halben Tag lang.

Also werden wir uns wiedersehen, Mike, in Bangkok oder am Fuße des Kilimandscharo.

Während Lassek sein Zertifikat zum Auto trug, fuhr ein Taxi vor. Ali sprang auf die Marmorplatten, mit ihm ein weiterer Sieger. Lassek winkte mit dem goldumrandeten Umschlag, Ali lachte fröhlich.

Kaum saß er im Auto, fiel ein Regenguss vom Himmel. Lassek hielt das für das einzige Wunder dieses Tages. Die Reiseführer behaupten, die sonnige Insel sei eine Gegend, in der es alle zwei Jahre einmal regnet. Wenigstens ein glücklicher Tag für die durstenden Palmen, die staubbedeckten Kakteen und natürlich für Ali und seine Wüste Sahara.

Wenn ich ein Geysir wäre

Kaum geht die Sonne auf, kommen die ersten Busse. Vier Minuten und dreißig Sekunden dauert die Atempause des Store-Geysirs, sagt die Tafel, und die Tafel steht am Anfang des Trampelpfades, der von der Bushaltestelle hinaufführt. Die Besucher studieren den Text und überprüfen ihre Armbanduhren.

Noch verhält er sich ruhig. Jeder kann sehen, dass sein Wasser heiß ist, es blubbert und wirft weiße Blasen. Über dem Loch schwebt eine Dampfwolke.

»Wir könnten Frühstückseier kochen«, sagt einer.

»Igitt, es stinkt!«, ruft ein Mädchen.

»Noch zwei Minuten«, erklärt eine Stimme, der man anmerkt, dass sie sich auskennt mit Geysiren und ihren Zeiten.

Die Besucher drängen sich um die Wasserstelle, bilden einen Kreis. Jeder versucht, den besten Blickwinkel zu ergattern und seine Kamera günstig zu postieren. Hier und da zuckt probehalber schon mal ein Blitzlicht.

»Am besten, wir wählen Weitwinkel, um auch die Höhe einzufangen«, erklärt einer.

»Die Fontäne ist dreißig Meter hoch«, weiß ein anderer mit Bestimmtheit. »Also müssen wir so weit zurück, dass die Kamera das Wasserloch und die dreißig Meter im Blick hat. Und dabei die Windrichtung bedenken! Wenn der Wind den Wasserdampf vor die Kamera weht, siehst du gar nichts.«

»Bald wird er kommen, er verspätet sich nie.«

Hundert Augenpaare starren ins grünliche Wasser, die Oberfläche zittert.

Ein kleines Mädchen kniet vor dem Tümpel, die Mutter reißt es zurück. »Du verbrühst dir die Finger, Kind!«

»Wichtig ist der richtige Standpunkt. Du musst die aufgehende Sonne im Rücken haben … Vielleicht drüben vom Felsvorsprung aus. Nur keine Gegenlichtaufnahme, dann gehen die Farben verloren … Und aufpassen, dass keine Spritzer aufs Objektiv fallen.«

»Noch eine Minute.«

Stative werden aufgebaut, Stativaufnahmen erlauben längere Belichtungszeiten, das ist wichtig.

Die Gespräche verstummen. Die meisten werden die Fontäne nur durchs Suchbild ihrer Kamera erblicken. Sie wollen nicht den Ausbruch des Store-Geysirs erleben, sie wollen nur ein schönes Bild schießen, um es zu Hause vorzuzeigen und in das Erinnerungsalbum zu kleben. Ein weiterer Bus bringt neue Besucher zum Fuß des Berges. Sie werden auf den nächsten Ausbruch warten müssen, der in vier Minuten und dreißig Sekunden beginnt. Der Store verspätet sich nie.

Die Oberfläche bewegt sich, das Wasser zittert.

»Spuckt er auch im Winter?«, fragt das kleine Mädchen.

»Geysire frieren niemals zu«, antwortet die Mutter.

Bevor er spuckt, hält er die Luft an, saugt das heiße Wasser in seinen Schlund, um es in einem Schwall emporzudrücken.

»Bestimmt neunzig Grad«, schätzt einer, der sich auskennt mit Geysiren.

Ein anderer beginnt, laut die Sekunden zu zählen. Countdown wie beim Raketenstart. Er ruft: Zero! Aber nichts geschieht. Die Kameras klicken umsonst. Der Store verweigert sich. Seine Zeit ist abgelaufen, das heiße Wasser wirbelt im Kreis, es stinkt nach Schwefel, aber es sprüht keine Fontäne.

»Er hat die Zeit verschlafen«, tröstet die Mutter das kleine Mädchen.

Die Kameras sinken, die Besucher überprüfen ihre Armbanduhren. Irgendetwas stimmt da nicht. Man sollte Regressansprüche gegen den Veranstalter stellen, die Hälfte des Fahrpreises mindestens. Schließlich war die Fontäne des Store garantiert.

»Warum spuckt er nicht?«, fragt das kleine Mädchen.

»Vielleicht ärgern ihn die vielen Menschen«, antwortet die Mutter. »Sie stehen rum und starren ihn unverschämt an, und jeder will ein Stück von ihm mitnehmen, nämlich ein schönes Bild.«

Der Busfahrer hupt. Er will nicht länger warten. Er hat seinen Terminplan, höchste Zeit für die nächste Attraktion. Sie eilen den Trampelpfad hinab, auf halber Strecke kommen ihnen neue Besucher entgegen.

Das kleine Mädchen ist allein zurückgeblieben, es bückt sich nieder und flüstert: »Komm doch bitte.«

Da gurgelt und brodelt es in der Tiefe. Eine gewaltige Fontäne steigt zum Himmel, groß und erhaben. Unten leuchtet sie grün, geht in ein sanftes Rosa über, oben ein weißer Kranz wie Gletscherwasser. Es ist der größte Ausbruch des alten Geysirs seit Menschengedenken, an die fünfzig Meter hoch, und niemand hat ein Foto geschossen.

Wie John kein Millionär wurde

Ein Saal, groß wie ein Fußballfeld. Kommen morgens die Ersten, gehen die Letzten der Nacht. John hatte für neunundneunzig Cents gut gefrühstückt – in den Hotels der Spielstädte verschenken sie das Essen, damit dir Geld bleibt für die Spielhallen –, nun wollte er ein wenig frische Luft atmen, musste aber erkennen, dass diese Etablissements so eingerichtet sind, dass jeder, der darin untertaucht, nicht eher das Tageslicht erblickt, bis er den letzten Dollar ausgegeben hat. Statt in die Morgensonne geriet er in die Halle der zweihundert einarmigen Banditen, die verschlafen vor sich hin summten. Nur wenige Automaten waren besetzt, ab und zu schepperte es, wenn die Banditen sich herabließen, eine Hand voll Quarter auszuspucken. Die Bedienung lümmelte sich an der Bar und trank Kaffee. Einige Frauen wischten die Hebel und Scheiben der Geräte mit feuchten Lappen ab.

John besaß hundert Dollar. Davon hatte er fünfundsiebzig in Münzen gewechselt, fünfundzwanzig versteckte er in der Brieftasche, weil er sie für die Rückreise nach Santa Fé brauchte. Er trug schwer an dem Metall, schleppte die dreihundert

Quartermünzen quer durch die Halle der Banditen, schaute nach links und rechts, suchte den Automaten, der ihm Glück bringen sollte. Er wusste es längst, dass er nicht irgendeine Maschine nehmen durfte. So ein Automat muss Zutrauen gewinnen, er muss dich mögen, sonst ist die Spielerei sinnlos, und es wäre besser, die Münzen der Heilsarmee zu schenken und nach Santa Fé zu fahren.

Aus der Gruppe der Kellner löste sich eine braune Gestalt. »Ich bin Pedro, Mister. Wenn du eine gute Maschine suchst, ich kann sie dir zeigen.«

Der Mexikaner führte ihn die Reihe entlang zu einem Automaten, der in einer dunklen Ecke stand und in Blau und Gold schimmerte. Er deutete auf den Hocker vor der Maschine, bat John, Platz zu nehmen, stellte einen Plastikbecher bereit mit der Aufforderung, die Münzen hineinzuschütten. Dann fragte er, ob er Kaffee, Cola oder Tee bringen solle.

John spürte, dass es kein gewöhnlicher Automat war. Die Maschine stand vereinsamt in der dunklen Ecke, wie ausgestoßen. Bestimmt hatte sie Kummer.

Er streckte seine Glieder, räkelte sich, klopfte dem goldblauen Ungeheuer auf die Schulter und versuchte, sich mit ihm anzufreunden, indem er die Glasscheibe anhauchte und mit einem Papiertaschentuch abwischte. Rote Lichtpunkte huschten übers Glas.

Spiel mit mir, sagte die Maschine. Lass uns fair kämpfen. Wenn du stärker bist, bekommst du alles, was ich habe.

John ließ sich Zeit, griff probehalber zu dem Hebel, mit dem er das Spiel eröffnen konnte, und wunderte sich über die Kälte des Metalls. Er spürte, wie die Maschine ungeduldig wurde und ihn aufforderte, die erste Münze einzuwerfen. Wie ein Hund, der den Stock seines Herrn apportieren will, lauerte sie auf die Beute.

John wartete, bis der Kaffee kam. Er wusste nur zu gut, dass er, wenn er das Spiel begänne, es auch fortsetzen müsste bis zum bitteren oder siegreichen Ende. Sobald die erste Münze in den Kasten fällt, gibt es kein Zurück. Er versuchte, diesen letzten Schritt so lange wie möglich hinauszuzögern, und sagte der Maschine, dass er erst Kaffee trinken müsse. Noch konnte er den Platz verlassen, sich mit anderen Maschinen anfreunden, einfach durch den Saal schlendern, einen Whisky trinken und nach Santa Fé fahren.

Pedro brachte den Kaffee.

»Na, will er nicht?«, fragte er und strich liebevoll über das bunte Glas. »Mister, dies ist eine besondere Maschine. Sie trägt eine Million Dollar im Jackpot. Wenn sie fünfmal die Sieben anzeigt, spuckt sie die Million aus.«

Der Automat nickte zustimmend. Die dunkelblauen Augen starrten John herausfordernd an. Spiel mit mir, sagten sie.

»Fünfmal die Sieben ist unmöglich«, erklärte John.

»In Las Vegas ist nichts unmöglich«, behauptete Pedro.

Verdammt viel Geld, dachte John und schlürfte seinen Kaffee.

»Er ist bald fällig, Mister«, ermunterte ihn Pedro. »Ich kenne ihn. Alle drei Monate gibt er den Jackpot her. Es ist immer ein großes Fest. Vorn schlagen sie die Glocke, und auf dem Dach heult eine Sirene.«

John betrachtete den Automaten, der ihn um Kopfeslänge überragte, der nicht mehr gelangweilt vor sich hin summte, sondern aufgeregt vibrierte. Er sah sein feuerrotes Maul, die blinkenden Augen, die ihn aufforderten, endlich das Spiel zu machen.

Pedro schlug mit der Faust aufs Gerät. »He, Alter, wach auf!«

John nahm die erste Münze, rieb sie lange in der Hand, bis sie sich warm anfühlte. Dann führte er sie zum Schlitz. Lautlos schluckte die Maschine das Geld. John drückte den Hebel, die Walze begann zu drehen, rotierte durch ein Feuermeer, aus dem grelle Blitze zuckten. Pedro stand hinter ihm und sah zu, wie der Automat die erste fünfstellige Zahl zustande brachte: 5 – 7 – 7 – 4 – 6.

»Zweimal die Sieben hast du schon!«, rief Pedro. »Damit du es weißt, bei diesem Automaten geht es um alles oder nichts. Er gibt keine kleinen Gewinne her, er zahlt nur die Million oder gar nichts.«

Schade, dachte John. Im Grunde waren ihm jene Banditen lieber, die zwischendurch zwanzig Quarter ausspuckten, um dem Spieler Mut zu machen und ihn nicht zur Verzweiflung zu treiben.

Die Walze rotierte durch die Feuerhölle, John brauchte 7 – 7 – 7 – 7 – 7.

Der Mexikaner wanderte durch die Halle der zweihundert Banditen, fragte hier, ob er Scheine in Münzen wechseln solle, und dort, ob ein Kaffee gewünscht werde. Irgendwo schepperte es gewaltig. John sah, wie eine alte Frau eine Hand voll Münzen in ihren Plastikbecher schüttete und Pedro ein paar Quarter in die Hand drückte.

Wenn du wirklich diesen Jackpot knackst, musst du Pedro tausend Dollar abgeben, dachte er.

Noch war er guten Mutes. Natürlich würde es ein zähes Ringen werden. Stunde um Stunde. Da der Automat keine kleinen Gewinne ausschüttete, musste er auch mit Langeweile rechnen. Münze um Münze steckte John in den Apparat, verfolgte das flackernde Licht, geriet in Aufregung, als dreimal hintereinander die Sieben erschien, der Automat sich aber mit einer Fünf und einer Vier verabschiedete.

Pedro blickte ihm über die Schulter.

»Er kommt bald, Mister«, sagte er aufmunternd.

»Wann hat er die letzte Million abgegeben?«, fragte John.

»Vor zwölf Wochen, Mister, an einem Freitag um halb vier.«

Hundertfünfzig Münzen hatte er dem Ungeheuer schon in den Rachen geworfen, und nichts war geschehen. John erwog, zu einem anderen Automaten zu gehen, der zwischendurch zehn Quarter ausspuckte, um die Spieler bei Laune zu halten. Auch kam ihm die Idee, die Maschine abkühlen zu lassen. Sie ist überhitzt, vermutete er. In so einem Zustand denkt sie nicht daran, dir fünfmal die Sieben zu geben. Du musst sie schläfrig machen und dann überraschen.

Er wanderte hin und her, behielt den Banditen aber im Auge, damit nicht andere mit ihm spielten und sich die Million aneigneten. Er spürte, wie der Automat ihn mit seinen geldlüsternen Blicken verfolgte, aber plötzlich fiel er in Schlaf und hörte auf zu blinken.

Pedro brachte eine Tüte Kartoffelchips.

»Wie viel Quarter hast du noch?«, fragte er.

John hielt ihm den Becher hin und sagte, dass es ungefähr hundertzwanzig seien.

»Das müsste reichen«, meinte Pedro.

Kartoffel kauend betrachtete John das Ungeheuer, das vor ihm lag wie ein Felsbrocken, lauernd, verschlagen, hinterhältig. Wie jeder Mensch muss auch dieser Automat einen schwachen Punkt haben, dachte er. Den galt es ausfindig zu machen.

»Wenn ich das elektrische Kabel rausziehe, ist es aus mit dir«, sagte John laut.

Der Automat grinste ihn unverschämt an.

Ich weiß genau, dass du noch über hundert Quarter im Becher hast, schien er sagen zu wollen. Mit hundert Quartern hast du gute Chancen.

»Ich habe mich erkundigt«, erzählte Pedro. »Am zwanzigsten Mai hat er zuletzt gespuckt, heute haben wir den vierundzwanzigsten August. Er ist überfällig, Mister.«

7 – 3 – 4 – 7 – 7.

Du musst ihm gut zureden, dachte John.

»Kommen wir uns näher, oder spielst du nur mit mir?«, fragte er den Automaten. »Ich finde die Sieben schön. Hast du schon von den sieben Hügeln und den sieben Zwergen gehört? Es gibt ein Siebengestirn am Himmel. Zeig es mir, zeig mir die Sieben«, flehte er den Automaten an.

Den Gang entlang kam ein schwergewichtiger Mann, in seinem Gefolge eine zarte Frau, hinter ihr zwei erwachsene Töchter, die dem Vater aufs Haar glichen und zweifellos die Sonne verdunkelt hätten, wenn es in dieser finsteren Halle eine Sonne gegeben hätte.

»Hallo, ich bin Tom aus Texas«, sagte der Mann und blieb hinter John stehen. »Wir sind nach Las Vegas gekommen, um unseren Töchtern zu zeigen, wie es geht.«

Er schmetterte seine Pranke auf die Maschine, die blauen Augen flackerten böse.

»Der kleine Mexikaner hat mir erzählt, du willst den Jackpot knacken. Das hab ich noch nie erlebt, wie einer mit einem Schlag Millionär wird. Ich will es den Töchtern zeigen, damit sie wissen, wie es geht.«

Der Texaner in der Mitte, die beiden Töchter an seiner Seite, dahinter, versteckt von so viel texanischer Größe, die zierliche Frau, so umstand die Gruppe den Automaten. John bekam Angst, die Maschine könnte der Anblick der texanischen Streitmacht so verwirren, dass sie das Mitspielen verweigerte. Hinter ihm roch es nach scharfem Curryfleisch.

»He, Pedro, bring uns eine Cola!«, rief der Texaner über die Banditen hinweg.

John saß nun die dritte Stunde vor der Maschine. Draußen müsste die Sonne senkrecht stehen, aber die Halle der zweihundert Banditen kannte keine Tageszeiten, um zwölf Uhr mittags herrschte hier das gleiche gedämpfte Rotlicht wie um Mitternacht.

»Mister, er spuckt gleich, er ist schon heiß«, tröstete ihn Pedro.

Unter den letzten Münzen schimmerte der weiße Grund des Pappbechers, der Kampf neigte sich dem Ende zu.

»Wie nahe warst du dran?«, fragte Tom, als Pedro die Colabecher abstellte.

»7 – 7 – 7 – 6 – 5 war das Höchste«, erklärte John.

»Verdammt gut«, meinte Tom. »Wenn ich die Maschine wäre, würde ich für 7 – 7 – 7 – 6 – 5 einen Trostpreis ausspucken.«

»Wollen Sie nicht auch spielen, Mister?«, fragte Pedro den dicken Texaner.

»Gott bewahre!«, rief der und bekreuzigte sich. »Was ihr hier treibt, ist reinstes Teufelswerk. Ich bin nur in diese Scheune gekommen, um meinen Töchtern zu zeigen, wie es geht. Wir in Texas haben nämlich den Glauben, dass es nicht genügt, sich im Himmel auszukennen, ein Mensch muss auch wissen, wie es beim Teufel zugeht. Und hier habe ich ihn gefunden.«

Die letzte Münze rieb John so lange, bis sie heiß war. Wie sie ihn anstarrten, der dicke Texaner, die beiden Mädchen, die zierliche Frau, Pedro und die Maschine mit ihren dunkelblauen Augen. Der Texaner nahm den Hut ab und hielt ihn vor seine Brust. Seine Lippen bewegten sich.

Die Walze rollte lange, fing mit einer Sieben an und brachte danach viermal die Sechs.

»Auch eine schöne Zahl«, murmelte Tom aus Texas.

»Sie dürfen jetzt nicht aufgeben, Mister«, flüsterte Pedro.

John langte in die Tasche und gab ihm die beiden Zehndollarscheine, die für die Rückreise nach Santa Fé bestimmt waren. »Hol mal Kleingeld, Pedro.«

Es kam ihm so vor, als mache sich die Maschine über ihn lustig. Hast wohl keine Kraft mehr, fragte sie. Ist dir die Puste ausgegangen? Sie bebte vor Eifer.

Pedro kam mit achtzig Quartern. Die Münze, die John der Maschine ins Maul warf, brachte 7 – 7 – 5 – 7 – 4.

»Wir kommen der Sache näher!«, rief der Texaner.

Die Frau nahm die beiden Mädchen beiseite. John hörte sie vom Herrn Jesus und der Vergebung aller Sünden sprechen.

Die letzten Münzen verspielte er wie in Trance. Mechanisch warf er sie in den Schlitz, achtete kaum noch auf die Zahlen, die die Maschine anzeigte. Eine große Müdigkeit überfiel ihn. Er sehnte sich nach dem Licht der Sonne und schattigen Wäldern. Schlafen im hohen Gras wäre nach einem solchen Kampf das Richtige. So kam das letzte Spiel. Die Münze war heiß, ohne dass er sie gerieben hätte. Bevor er sie einwarf, feuchtete er sie ein wenig mit Spucke an. Er trank den letzten Schluck Kaffee, wollte sich schon erheben, als er sah, wie im Auge der Maschine die Sieben erschien. Wenige Sekunden später die zweite Sieben. Pedro blieb stehen und sah zu, wie sich die Feuerwalze drehte.

Es erschien die dritte Sieben. Der Texaner gebot seinen Frauen, den Mund zu halten, es geschehe gerade etwas Wunderbares.

In der Ferne hörte John das laute Rasseln von Münzen, jemand hatte gewonnen.

Die Walze drehte und drehte, bis die vierte Sieben erschien.

John schloss die Augen. Er hörte den Automaten klappern. Als es endlich still war, legte ihm der Texaner den Arm auf die Schulter.

»Tut mir verdammt Leid, alter Junge«, sagte er.

Die fünfte Zahl war eine Sechs. Sie hing wie verunglückt auf der Walze, schien abstürzen zu wollen, um Platz zu machen für die letzte, die größte aller Sieben. Die Maschine blickte ihn mitleidig an, als wollte sie sich entschuldigen, weil ihr am Ende dieser kleine Fehler unterlaufen war.

Pedro ging vorüber und zuckte bedauernd die Schultern. »Er ist reif, Mister, ganz bestimmt. Heute noch muss er spucken.«

»Komm mit, ich gebe dir ein Bier aus«, sagte der Texaner. »Und wenn du mal in Dallas zu tun hast, besuchst du uns auf der Ranch.«

John trank das viel zu kalte Bier und dachte an die Sonne draußen, die gewiss senkrecht über dem Dach stand. Der Texaner strich das Wechselgeld ein. Als er sah, dass ein Quarter dabei war, drückte er die Münze seiner jüngsten Tochter in die Hand.

»Geh hin und gib das Geld dem verdammten Banditen«, sagte er.

Müde schlich John ans Tageslicht. Beim Verlassen des Saales hörte er, wie vorn die Glocke geschlagen wurde, auf dem Dach heulte eine Sirene. Irgendjemand hatte den Jackpot geknackt.

Da kommt ein unschuldiges Mädchen aus Texas in die Hölle, und sofort sinkt der Teufel vor ihm auf die Knie, dachte John. Dann traf ihn die Hitze mit 107 Grad Fahrenheit.

Trauer im Regen

Dohmen hatte alles bedacht: Die Plätze in der ersten Reihe reserviert für die nächsten Angehörigen und den Herrn Minister, der angekündigt hatte, bei der Trauerfeier seines Weggefährten gewichtige Worte sprechen zu wollen. Die Lichter brannten, der Organist hatte die zu singenden Lieder probehalber gespielt. Die Grube befand sich an der richtigen Stelle und war tief genug, wovon Dohmen sich selbst überzeugt hatte. Ein Kranz lag bereit. Auf der Schleife, weithin sichtbar, der Firmenadler und der Name Artus. Weil der Wetterbericht Regen angekündigt hatte, waren fünfzig Schirme aus dem Fundus der Werbeabteilung ins Auto geladen worden. Für alle Fälle.

Die Totenglocke läutete, der Herr Minister fuhr vor, die Reden wurden gehalten, die Lieder gesungen. Der langjährige Generaldirektor der Artus AG erhielt den ihm gebührenden Abschied, während sich draußen der Himmel verfinsterte.

Als die Trauergäste die Kapelle verließen, um dem Sarg zu folgen, stand Dohmen an der Tür und verteilte Schirme.

»Es könnte Regen geben«, murmelte er ernst und gefasst.

Zufrieden sah er dem Trauerzug nach, der sich durchs Gräberfeld bewegte. Er hörte das Knirschen der Schirmspitzen im Kies und verspürte den Wunsch, es möge nun endlich zu regnen beginnen, damit die Schirme mit dem Symbol der Artus AG sich entfalten könnten. Bei den ersten Tropfen springen fünfzig Schirme auf, zum Vorschein kommt der Name Artus, dazu der stolze Greifvogel auf weißem Grund. Ein Hubschrauber wird den Friedhof überfliegen und das Regenschirmensemble aus der Höhe fotografieren. Fünfzig schwarze Adler und zweihundert Mal der Name Artus. Das Bild käme in die Zeitung – ungewöhnliche Bilder kommen immer in die Zeitung –, und alle Welt erführe, dass die Artus AG eine bedeutende Persönlichkeit verloren hat. Noch bis zum Ende engagierte sich der Dahingeschiedene im Dienste seines Unternehmens als Werbeträger auf dem Waldfriedhof. Fünfzig Trauergäste beschirmt von Artus. Sogar der Herr Minister würdigte seinen Weggefährten.

Auf halbem Wege begann der Wind in den Bäumen zu rumoren. Als der Trauerzug sich dem offenen Grab näherte, fielen die ersten Tropfen. Die Träger versenkten den Sarg, der Pfarrer trat an die Grube, um das Übliche zu sagen. Es regnete heftiger. Dohmen sprang hinzu, um den kirchlichen Würdenträger während seiner Amtshandlung zu beschirmen. Er drückte den Knopf, der Schirm öffnete sich, ein Windstoß fuhr unter das weiße Tuch der Artus AG. Das Oberteil löste sich, schwebte einem Luftballon gleich den Baumkronen zu, die Trauernden schauten entgeistert zum Himmel. Dohmen blieb ratlos mit dem leeren Schirmstock in der Hand auf dem Sandhügel zurück.

»Nun hebt er ab«, ertönte eine Stimme.

Weil es heftiger regnete, öffneten auch die anderen ihre Schirme. Sofort lösten sich alle Oberteile vom Schirmstock und trugen die Botschaft der Artus AG himmelwärts. Ein Konstruktionsfehler, nicht die Schuld der Werbeabteilung. Die meisten Adler blieben in den Bäumen hängen, einige trieb es über die Friedhofsmauer in die Stadt, wo sie als Werbeträger durch die Fußgängerzone irrten. Bevor die Männer zur Schaufel griffen, sorgte Dohmen dafür, dass einer der Schirme auf dem Sarg platziert wurde als letzte Botschaft der großen Artus AG ans Jenseits.

Olga kommt

Um halb elf war Alfred Köster noch guten Mutes. Er betrat den Furcht einflößenden Justizpalast – so alt wie das Jahrhundert –, zeigte dem Pförtner die Vorladung und wurde in den ersten Stock verwiesen, Saal 113. Dort empfing ihn ein langer Flur mit künstlichem Licht; in der Ferne entschwand eine schwarz gekleidete Person.

Vor Saal 113 hielt ein Gerichtsdiener Wache.

»Ich bin als Zeuge geladen«, erklärte Köster.

»Dann sind Sie hier richtig«, erwiderte die Amtsperson und forderte Köster auf, Platz zu nehmen. Das hohe Gericht befrage gerade die Angeklagte.

Er studierte den Terminzettel und fand sich zugeordnet einem Strafverfahren gegen Anita Morena wegen Betruges, Zeuge: Alfred Köster.

»Bei denen haben Sie schlechte Karten«, sagte der Gerichtsdiener und zeigte zur Tür mit der Zahl 113. »Es sind nur Frauen.«

Köster winkte ab. »Ich bin Zeuge und will weiter nichts als mein Geld.«

»Ach, um Geld geht es«, wunderte sich der Gerichtsdiener. »Wenn es so ist, sieht es ganz düster aus.«

Nach zehn Minuten wurde er in den Saal gerufen. Der Gerichtsdiener schloss hinter ihm die Tür, es kam Köster so vor, als schlüge er das Kreuz.

Ihn empfingen fünf Frauen, die beieinander standen und, als sie des Zeugen Köster ansichtig wurden, eilig ihren Plätzen zustrebten. Die Richterin, schon etwas ergraut, fand er in gewisser Weise attraktiv. Neben ihr die Protokollführerin ordnete er in die Abteilung graue Maus ein. Die Staatsanwältin kam ihm so jung vor, dass er sie ohne weiteres seinen Töchtern hätte zuordnen können. Als Verteidigerin entdeckte er eine rundliche Person, die an der Fensterbank lehnte und durch die schwarze Robe eine gewisse Würde und Ansehnlichkeit erhielt. Schließlich die Angeklagte: Anita Morena. So hatte er sie nicht in Erinnerung. Ihr schwarzes Haar hatte damals aufgelöst über der Schulter gehangen, nun war es fest gebunden. Auch war sie vollständig bekleidet. Sie blickte kurz auf und lächelte ihn an, kein triumphierendes Lächeln, eher entschuldigend. Der Zeuge Köster begrüßte die Angeklagte mit einem Kopfnicken.

Begonnen wurde wie üblich mit den Personalien: Alfred Köster, 55 Jahre alt, verwitwet, Kfz-Mechaniker, wohnhaft in Altona.

»Erzählen Sie mal, was am Abend des dreizehnten November geschehen ist«, forderte die Richterin ihn auf.

»Ich hab Anita besucht«, erklärte Köster und zeigte auf die Angeklagte.

»Machen Sie das öfter?«

»Das geht Sie eigentlich nichts an«, erklärte Köster, »aber wenn Sie es unbedingt wissen wollen: Seitdem meine Frau nicht mehr lebt, mache ich es dreimal im Monat. Für mehr reicht das Geld nicht.«

»Und Sie besuchen immer die Angeklagte?«

Köster schüttelte den Kopf. »Nee, wenn schon, dann bitte mit etwas Abwechslung.«

Als die graue Maus diesen Satz in ihren Stenoblock schrieb, huschte ein Lächeln über ihr Gesicht.

Die Richterin fragte, wie es mit dem Bezahlen gewesen sei.

»Auf der Straße waren wir uns mit hundert Mark einig geworden«, erzählte Köster. »Mehr als hundert Mark nehme ich nie mit, aus Vorsicht, verstehen Sie?«

»Wie kam es denn zu zweihundertfünfzig Mark?«

»Oben im Zimmer erzählte mir Anita, was sie alles kann. Aber hundert Mark reichten dafür nicht, hat sie gesagt, sie wollte zweihundertfünfzig haben.«

Die Staatsanwältin forderte die Angeklagte auf, jene Dienstleistungen zu erklären, die sie dem Zeugen für zweihundertfünfzig Mark in Aussicht gestellt hatte.

Anita wollte sich gerade erheben, um ihre beruflichen Fertigkeiten zu schildern, als die Richterin der Staatsanwältin einen strafenden Blick zuwarf.

»Ich glaube, die Einzelheiten können wir uns sparen«, entschied sie.

Anita Morena nahm Platz und lächelte.

»Sie einigten sich also mit der Angeklagten auf eine Dienstleistung im Werte von zweihundertfünfzig Mark, besaßen aber nur hundert Mark«, fuhr die Richterin fort.

Alfred Köster nickte.

»Hätten Sie den Vorgang nicht abbrechen können, als Sie feststellten, dass das Geld nicht reichte?«, mischte sich die Verteidigerin ein.

Der Zeuge Köster schlug sich mit der Faust auf die Brust und lachte. »Davon, meine Damen, verstehen Sie nichts. Wenn es so weit gekommen ist, bleibt nichts abzubrechen, da gibt es keinen geordneten Rückzug.«

Die graue Maus zückte schon den Stift, aber die Richterin ermahnte sie leise: »Einen solchen Unsinn nehmen wir nicht ins Protokoll.«

»Wie haben Sie das Problem mit dem Bezahlen gelöst?«, wollte die Staatsanwältin wissen.

Alfred Köster neigte sich jetzt der Angeklagten zu.

»Anita sagte: Mensch, Alfred, du hast doch bestimmt eine EC-Karte … Ja, hab ich, gab ich zur

Antwort ... Dann können wir doch über Karte abrechnen, sagte sie.«

»Sie gaben der Angeklagten Ihre EC-Karte?«, wunderte sich die Richterin.

»Also das ging so: Anita nimmt die Karte und geht zur Tür, öffnet sie einen Spalt und ruft in den Flur: Olga, komm mal her, der Herr möchte bargeldlos zahlen.«

Die Staatsanwältin, das junge Ding, versteckte ihr Gesicht hinter einem Taschentuch. Die Verteidigerin blickte verloren aus dem Fenster. Die Richterin klopfte ungeduldig mit dem Kugelschreiber aufs Holz.

»Also, ich sehe eine Hand, die nach meiner EC-Karte greift ... Musst noch die Geheimnummer nennen, sonst kann Olga kein Geld abheben, sagt Anita ...«

Die Richterin belehrte Köster, dass Geheimnummern niemals preisgegeben werden dürfen, wie der Name schon sage.

»Hohes Gericht, wie stellen Sie sich das vor?«, versuchte Köster sich zu rechtfertigen. »Diese Person saß schon auf meinem Schoß.«

Die Richterin wies die graue Maus an, folgenden Satz ins Protokoll zu schreiben: Auf Aufforderung der Angeklagten übergab der Zeuge ihr seine EC-Karte und nannte die Geheimnummer.

»Haben Sie diese Olga gesehen?«, fragte die Verteidigerin.

Die Angeklagte sprang auf, um zu erklären, dass Olga eine Kollegin gewesen sei, die mit ihr im gleichen Haus gearbeitet habe, eine ehrliche, vertrauenswürdige Person, die vor zwei Wochen zu ihren Eltern nach Odessa reisen musste.

»Ja, das wissen wir schon«, beruhigte die Richterin die Angeklagte. »Olga, die unbekannte Dritte.«

Die Staatsanwältin hatte sich wieder gefasst und fragte den Zeugen nach der Dauer des Besuches bei Anita Morena.

»Na, ungefähr eine Viertelstunde«, antwortete Alfred Köster.

Anita nickte zustimmend.

»Da muss diese Olga aber sehr schnell gewesen sein«, stellte die Richterin fest. »In einer Viertelstunde brachte sie es fertig, dreitausend Mark vom Konto abzuheben.«

»So ein Luder!«, rief Köster. »Das ist die einzige Schweinerei an der ganzen Geschichte.«

»Was ist aus der EC-Karte geworden?«, wollte die Richterin wissen.

»Ich zog mich gerade an, da klopfte diese Olga an die Tür und reichte die Karte mit den zweihundertfünfzig Mark herein. Ich hab Anita das Geld gegeben und bin nach Hause gefahren. Am nächsten Tag rief die Bank an, und ich bin zur Polizei gegangen.«

Köster holte die EC-Karte aus der Brieftasche und zeigte sie den Frauen.

»Noch irgendwelche Fragen?«

Nein, es war alles geklärt. Der Zeuge Köster durfte gehen, die fünf Frauen zogen sich zur Beratung zurück.

»Ich hab es Ihnen gleich gesagt, bei denen haben wir Männer keine Chance«, erklärte der Gerichtsdiener und klopfte Köster leutselig auf die Schulter.

»Ob sie mir die dreitausend Mark geben?«

Der Gerichtsdiener schüttelte den Kopf. »Eher machen sie davon ein Betriebsfest.«

Als Köster über den langen Flur zum Ausgang wanderte, kam es ihm vor, als sei irgendwo in dem altehrwürdigen Justizpalast ein großes Gelächter ausgebrochen. Dass die Angeklagte Anita Morena freigesprochen und alle Schuld jener Olga aus Odessa gegeben wurde, erfuhr er am nächsten Morgen aus der Zeitung.

Im Moor

Radek erwachte, weil der Zug auf freier Strecke hielt. Keine Lautsprecherstimme erklärte den unverhofften Halt, nebenan raschelte eine Zeitung, jemand telefonierte. Plötzlich sprangen die automatischen Türen auf. Warmer Wind wehte in die Abteile, ein Schmetterling verirrte sich in die Gepäckablage. Konnte es sein, dass eine Lerche sang?

Er sah, dass der Zug auf einem Damm stand, der sich zu einer Brücke aufschwang. Unten eine grüne Landschaft mit Wassergräben und Tümpeln, in der Ferne das helle Band eines Flusses oder Kanals, jedenfalls Wasser. Rinder brüllten den Bahndamm an.

Radek wusste nicht, wo er war. Er dachte zu träumen und schloss wieder die Augen. Bald wird der Schaffner den bestellten Kaffee bringen, fünf Mark kassieren und erklären, es sei mit einer Viertelstunde Verspätung zu rechnen. Ihm wäre es recht, wenn die Verspätung sich zu einer Ewigkeit auswüchse, denn gern hatte er diese Reise nicht angetreten. An ihrem Ziel erwartete er, mild gesagt, etwas Unangenehmes, sogar Schmerzhaftes. Das Kurkonzert, das spät am Nachmittag beginnen sollte, der Anblick einer im Meer untergehenden Sonne waren ihm wenig Trost. So weit würde es gar nicht kommen. Zuvor war das Gespräch mit diesem Keppler.

Nun doch eine Durchsage: Wegen einer Signalstörung kann der Zug nicht weiterfahren. Bitte nicht aussteigen!

Da der Kaffee nicht kam, ging Radek zur Tür. Warmer Wind empfing ihn, trieb allerlei Gerüche in den Wagen, auch die Pusteln verblühter Butterblumen und einen Duft von Flieder. Unsichtbar über dem Zug trillerte tatsächlich eine Lerche. Wann hatte er je Lerchen gehört?

Jemand rannte durch die Abteile, um sich zu beschweren. Er müsse um 16.10 Uhr in einem Büro in Westerland sein, und zwar dringend. Die Unpünktlichkeit der Bahn schreie zum Himmel, er werde einen wichtigen Termin verpassen. Es fiel das Wort Schadenersatz.

Radek hatte auch einen wichtigen Termin, und es wäre ihm recht, wenn eine höhere Gewalt dabei helfen könnte, ihn zu verpassen. Dieser Keppler verlebte seinen Urlaub am Meer, Radek hatte er vorgeladen zu einem ernsten Gespräch.

Du bist vierundvierzig Jahre alt und hast noch nie eine Lerche singen hören oder ein Moor aus der Nähe gesehen. Eine trostlose Weite dort unten, kein Haus, keine Straße, die Andeutung eines

Trampelpfades, ein Jägerstand, mehr nicht. Verkrüppelte Birken markierten die höchsten Erhebungen.

Weil der Kaffee nicht kam – wenn die Signalanlage ausfällt, können die nicht mal Kaffee kochen –, sprang er nun doch auf den Schotter, ging ein paar Schritte, wie um sich die Beine zu vertreten, entdeckte Blumen, die er nicht kannte, und musste an den Spruch denken, der das Blumenpflücken während der Fahrt verbietet. Er spürte, wie die hinter den Fenstern ihm erstaunt nachblickten. Einer klopfte an die Scheibe und winkte. Es sei doch verboten auszusteigen, und das Blumenpflücken sowieso.

Die Welt dort unten hatte er bisher nur aus fahrenden Zügen, schnellen Autos und von Fensterplätzen hoch fliegender Maschinen wahrgenommen. Nun war er ihr nahe, er roch, fühlte und hörte das Moor. Am liebsten hätte er sich ins Gras gesetzt, aber das würde seiner Hose nicht bekommen und müsste auf Keppler einen verheerenden Eindruck machen. Noch behielt er die Tür im Auge, um mühelos aufspringen zu können, wenn der Zug anrucken sollte, aber im Grunde wartete er auf den Kaffee oder darauf, dass der Zug sich ohne ihn davonmachte und er seinen Termin verpasste.

Ein Gegenzug donnerte vorüber, zerriss die Stille. Der Fahrtwind wehte ihn fast um. Erst als die Schlusslichter in der Tiefe des grünen Landes verschwunden waren, konnte Radek wieder Lerchen hören. Bummelnd erreichte er den letzten Wagen, sah den silbergrauen Zug in seiner ganzen Länge auf dem Damm: So sehen Spielzeugeisenbahnen aus, die um Tannenbäume kreisen.

Als der Zug anruckte, hätte er aufspringen können, auch die zweite Tür, die langsam vorüberrollte, wäre noch erreichbar gewesen. Aber er stand wie unbeteiligt, sah die erstaunten Gesichter hinter dem Glas, zupfte gedankenlos an einem Grashalm und begriff erst, als der Wind an seinen Haaren riss und der Lärm der rollenden Räder zu schmerzen begann, dass er allein geblieben war. Rücklichter, eine winkende Hand, das schon sehr, sehr fern. Der Zug rollte polternd über die Brücke, danach stürzte er ins Flachland und verschwand. Eine Lautsprecherstimme versprach, die verlorene Zeit aufzuholen, im Speisewagen werde jetzt Kuchen serviert. Der Kaffee kam, und Radek war nicht da, er hatte den Schaffner um fünf Mark geprellt. Sein Sommermantel hing an der Garderobe, weiter nichts. Die Brieftasche trug er bei sich, auch die Fahrkarte. Die Armbanduhr zeigte 14.15 Uhr. Gegen 16.00 Uhr Ankunft auf der Insel. Danach Kurkonzert am Meer und Abendessen, aber vorher dieses Gespräch mit Keppler. Im Grunde war er froh, den Zug verpasst zu haben.

Radek hockte sich auf die Schienen. Nein, er

fühlte sich nicht wie ein ausgesetzter Schiffbrüchiger auf einer einsamen Insel, sondern wie befreit von einer schweren Last. Was ihn umgab, stellte keine Ansprüche, weder das hohe Gras, das der Wind, der beständig den Damm anwehte, in die Knie gezwungen hatte, noch die Gerüche, die aus der Tiefe aufstiegen. Niemand wollte etwas von ihm. Der Wind war es auch, der die Drähte der Signalanlage zum Summen brachte. Er trug einen Geruch herüber wie von Brackwasser und toten Fischen, trieb die Segler den Kanal herauf, auch ein Containerschiff, dessen Lademasten auf die Eisenbahnbrücke zuglitten, um sie zum Einsturz zu bringen. Das Eisen, auf dem er saß, kam ihm warm vor, es schien zu leben. Ein Zittern von davonfahrenden und kommenden Zügen lief durch die metallenen Adern. Diese Freiheit. Eine Tür hatte sich geöffnet, und er konnte gehen, wohin er wollte. Auf dem Bahndamm weiter nach Norden oder zurück in den Süden oder über die Kuhwiesen zu jenem fernen Kirchturm oder eintauchen ins tiefe Moor. Selbstmörder gingen gern ins Moor. Nein, so weit war er noch nicht.

Die ersten Schritte rutschte er mehr, als dass er lief. Ein Stein löste sich und rollte ihm voraus. Er trat in Löcher, die die Kaninchen in den Damm gewühlt hatten, ein Reh flüchtete aus seiner Deckung. Unten erreichte er einen Feldweg, der neben dem Bahndamm lief und Trampelpfade ins

Moor aussandte. Hier war lange keiner mehr gegangen. Radek entdeckte den Abdruck eines Pferdehufes, randvoll mit Wasser.

Unten angekommen, löste er die Krawatte und steckte sie in die Hosentasche, krempelte die Hemdsärmel auf, warf die Jacke über die Schulter und entdeckte Kletten an den Hosenbeinen. Die Schuhe sahen verdreckt aus. Er verspürte Lust, sie und die Strümpfe auszuziehen, denn noch nie in seinem Leben war er barfuß gelaufen.

Keine zehn Minuten im Moor, und du fühlst dich wie ein anderer Mensch. Wer aus Gefängnissen ausbricht, sollte ins Moor fliehen, hier findet ihn keiner. Radek hing für ein Weilchen dem Gedanken nach, die Welt der Intercityzüge, der Telefone und Bildschirme, des Smalltalk bei trockenem Sherry, der Vorträge und Fernsehshows, der schreienden Demonstrationen und plärrenden Radiogeräte sei das eigentliche Gefängnis, während hier unten im wispernden Wind, der mit den Gräsern spielte, die große Freiheit herrschte.

Neben dem Feldweg die Ruinen eines Hauses. Ohne Dach, zwei Wände, die sich anstarrten, darin Fensterhöhlen ohne Glas. Der Fußboden aus roten Ziegeln, stark geneigt. Ein Moor lässt keine Waagerechte zu, es hebt und senkt sich. Hier blieben einmal Wanduhren stehen, hingen Bilder schief, auf dem Küchentisch schwappte die Suppe über.

Wer mochte hier gelebt haben?

Vor der Ruine eine zusammengebrochene Bank, auf der, das mag ein Menschenleben her sein, der Moorkätner gesessen hatte, um seine Feierabendpfeife zu rauchen; vor der Kate spielten die Kinder. Die aus dem Moor hatten viele Kinder. Der Kinder wegen waren sie ins Moor gekommen, denn hier gab es die letzten Flecken Erde, die den Kinderreichen noch blieben, um ihre Nahrung zu suchen. Die Moorkolonisten waren Leute aus dem Arbeiterstande, die kein Vermögen besaßen, auf die Kraft ihrer Arme vertrauten und auf die vielen Kinder, die die Kühe hüteten und den Backtorf setzten. Mit den Kindern kam Leben in die Einsamkeit der Torfstecher und Entenjäger; ab und zu ertrank eines im braunen Wasser, vom Moorweib in die Tiefe gezogen. Die Moorchronik berichtet von einer Familie, der in zwei Stunden drei Kinder an Diphtherie starben. Gelobt sei Gott in der Höhe! stand über der Eintragung.

Im Unkraut hinter der Ruine rostete ein Pflug, lange nicht benutzt.

Wieder polterte ein silberner Zug über die Brücke. Wenn er hinaufginge, dem Lokführer zuwinkte, würde dieser auf freier Strecke halten und ihn einsteigen lassen. Er könnte seinen Kaffee trinken und dem Schaffner sagen, es täte ihm Leid: Ich hatte mich verlaufen.

Radek kam es vor, als seien Schiffe in der Nähe.

Unter der Brücke sah er Segelboote auf dem Wege zur Ostsee oder Nordsee; ihre Masten überragten Heckenrosenbüsche.

Mitten im Moor eine Wiese, groß wie ein Fußballfeld, urbar gemacht vor langer Zeit. Kühe liefen ihm nach, stießen warmen Dunst aus den Mäulern und glotzten über den Elektrozaun. Blühende Butterblumen. Vor vierzig Jahren hatte jemand aus Butterblumen einen Kranz geflochten und auf seinen Kopf gesetzt. Die weiße Butterblumenmilch gab graue Flecken, eine harte Bürste musste die Kinderstirn sauber rubbeln, das war seine erste und letzte Begegnung mit Butterblumen gewesen.

Die Armbanduhr zeigte 14.55 Uhr. Er band sie ab und ließ sie in der Hosentasche verschwinden. In einer Dreiviertelstunde würde der Zug in Westerland eintreffen, in einer Stunde die Gegenüberstellung, Rede und Widerrede. Ich habe nichts zu verbergen, meine Herren. Danach Kurkonzert und Abendessen. Er zweifelte, ob es ihm schmecken würde. Sie werden sich irgendetwas Verrücktes ausdenken, um ihm den Appetit zu verderben.

Das Moor bewegte sich nicht, es lag stumm und unbeteiligt vor ihm. Ein Grün ohne Ende, hineingetupft die gelben Kleckse des Hahnenfußes, Lichtnelken und zitterndes Wiesenschaumkraut. Wo das Moor in Geestland überging, sah er das schmerzhafte Licht eines blühenden Rapsfeldes. Am Horizont, wo der Wind geboren wurde, grüßten Türme und Schornsteine. Unsichtbar das Meer, dessen Geruch der Wind mitbrachte. Wenn er geradeaus ginge, der Sonne folgend, müsste er ins Meer fallen.

Stattdessen folgte er dem Feldweg, traf weitere Ruinen und gelangte zu einem Haus, das leidlich erhalten, aber anscheinend unbewohnt im Moor lag und darauf wartete, auch zur Ruine zu werden. Tief hing das Reetdach über kleinen Fenstern. Das Stallgebäude schon zusammengebrochen, der Hund, der von seiner Hütte aus das Anwesen bewacht hatte, längst gestorben. In einem verwilderten Garten blühten Apfelbäume.

So sieht es aus, wenn die Zeit rückwärts läuft, dachte Radek. Hier entfernte sie sich von rasenden Eisenbahnen, majestätischen Dampfschiffen und summenden Telefondrähten, sie versank in jenem Jahrhundert, als die Veteranen der Dänenkriege ihre Moorparzellen erhielten und in die Hände spuckten.

Als er näher trat, flogen Tauben aus der Dachluke. Sie umkreisten das verlassene Anwesen und verschwanden in Richtung Bahndamm, wo wieder ein Zug über die Brücke polterte. Radek hörte einen Hahn krähen.

»Grete!«, rief eine alte Stimme. Dazu schlug eine Krücke auf harten Steinfußboden, dann gegen den Holzbalken der Eingangstür. Auf der Schwelle erschien ein alter Mann.

»Ich dachte, du bist Grete.« Der Alte musterte den Besucher streng. »Bist du weggelaufen?«

»So kann man das nennen«, sagte Radek.

»Hier findet dich keiner«, brummte der Alte. »Die auf der Geest wissen nicht mal, dass der alte Struve noch lebt.«

Er klopfte die Pfeife am Türbalken aus, zog einen Tabaksbeutel aus der Tasche, stopfte neu, ohne den Besucher aus den Augen zu verlieren.

»Leben Sie hier allein?«, fragte Radek.

»Ich bin der Letzte im Moor. Einmal die Woche kommt Grete, fegt die Stube aus und wäscht meine Sachen. Das ist genug.«

»Haben Sie keinen Hund?«

»Ja früher, als ich auf Jagd ging, musste ein Hund im Haus sein, aber jetzt brauch ich keinen mehr. Das Moor ist friedlich, hier kommt keiner, nicht mal ein Einbrecher. Du brauchst die Türen nicht abzuschließen, und die Fenster mach ich abends nur wegen der Eisenbahn zu.«

Sie blickten beide zum Bahndamm.

»Unter uns gesagt, die rasen viel zu schnell, die haben schon Kühe totgefahren und manchmal auch Menschen. Aber weil meine Ohren nicht mehr gut sind, stört es wenig.«

»Was ist, wenn Sie mal krank werden?«, fragte Radek.

»Dann kommt Grete und bringt mir Tee. Und wenn ich sterbe, wird Grete mich finden und dem Pastor Bescheid geben. Der wird es so erledigen, wie es sich gehört.«

Der alte Struve machte eine einladende Handbewegung und ging vor ihm ins Haus.

»Kannst dich bei mir ausruhen«, sagte er. Er zeigte auf ein Plüschsofa, das in der dunkelsten Ecke der Stube stand und so aussah, als hätte es die Dänenkriege überlebt.

Der Zug traf gerade in Westerland ein, das Essen sollte serviert werden, und Radek trieb sich im Moor herum.

»Gehörst du zu den feinen Leuten?«, fragte der Alte und prüfte seinen Jackenärmel. »Deine eleganten Stiefel hast du ziemlich eingedreckt.«

Ein sonderbarer Geruch strömte durchs Haus, wie erkalteter Rauch, wie faulendes Wasser. Der Alte trat an den Küchenherd, öffnete die Ofentür und schob zwei Torfstücke in die Glut.

»Sieh dir dieses Feuer an!«, rief er. »Das brennt schon hundert Jahre. Denk bloß mal, hundert Jahre! Meine Mutter hat es angesteckt, als sie jung war, und sie hat immer nachgelegt. Als sie sterben wollte, sagte sie: Hinnerk, lass das Feuer nie ausgehen.«

Struve nahm ein Schlachtermesser, öffnete die Tür zu einer Kammer und sagte, er werde ein Stück Rauchwurst abschneiden, um den Besucher anständig zu bewirten. In der Räucherkammer fand Radek die Quelle des sonderbaren Geruchs.

»Das soll wohl langen für mein Leben!«, rief Struve stolz und zeigte auf die an einer Stange baumelnden Würste und Schinken. Er säbelte ein daumenbreites Stück Mettwurst ab und erklärte, wie das Räuchern geht.

»Flammen darfst keine machen, nur Qualm. Einen Sack Sägespäne für jede Partie, am besten aus Buchenholz oder Erle. Wenn die Räucherei richtig im Gange ist, qualmt es aus allen Ritzen und macht nicht nur die Wurst haltbar, es ist auch gut fürs Haus. Wo geräuchert wird, lässt sich kein Schwamm und Hausbock nieder.«

Auch Aale hatte Struve früher geräuchert. Die kamen vom Meer und verirrten sich im Moorkanal. In einem strengen Winter, als er Kind war, brach im Februar in warmer Regenluft das Eis, und Hunderte von Aalen kamen zum Vorschein. Die Moorkätner konnten sie mit Kohlenschaufeln in Eimer schippen und in ihre Räucherkammern tragen. Und jeder bekam genug.

»Heute hab ich keinen mehr, der mir Aale fängt, auch sind die Winter nicht so, dass im frühen Februar das Eis bricht, meist gibt es gar kein Eis.«

Mit einem Becher Johannisbeersaft und einem Stück Mettwurst auf grauem Brot bewirtete Struve seinen Besuch.

»Selbst gebacken?«, fragte Radek und tippte auf das Brot.

»Als meine Else noch lebte, hat sie gut gebacken. Sie liegt aber schon zwanzig Jahre auf dem Geestkirchhof, wo es trocken ist und nicht so moorig. Seitdem bringt Grete mir Brot.«

Radek aß und dachte an das Kaminzimmer in Westerland. Wo bleibt Radek?!, wird Keppler schreien.

»Erzähl von dir«, forderte ihn der alte Struve auf. »Ich taxiere mal: Du bist ein Stadtmensch.«

Radek nickte und fragte sich, was es da viel zu erzählen gebe. Dass auf seinem Schreibtisch zwei Telefone und ein Computer standen. Dass er häufig nach London flog und gerade ein neues Auto – das siebte übrigens – bestellt hatte. Dass in seiner Wohnung zwei Fernsehapparate flimmerten. Er noch nie einen Nagel in die Wand geschlagen hatte und seine ganze Arbeit darin bestand, mit Geld zu handeln.

»Bist du verheiratet?«, fragte Struve.

Radek nickte.

»Na, das ist schon mal ordentlich. Warum hast du deine Frau nicht mitgebracht? Die möchte auch mal so ein Moor kennen lernen. Oder muss sie auf die Kinder aufpassen?«

»Wir haben keine Kinder.«

»Das ist nicht ordentlich«, stellte Struve fest.

Radek holte seine Armbanduhr aus der Hosentasche. Um diese Zeit saß Sabine vor einem der beiden Fernseher und wartete auf seinen Anruf. In Westerland ist er noch nicht eingetroffen, wird Kepplers Sekretärin sagen, wenn Sabine besorgt nachfragt.

»Hast auch etwas Eigenes?«, wollte Struve wissen.

Radek fing an, von seinen Autos und einigen nicht billigen Gemälden zu sprechen, aber Struve unterbrach ihn: »Ich mein, eigenen Grund.«

Radek dachte an seine Stadtwohnung im ersten Stock eines hohen Hauses und an die blühenden Sträucher auf der Terrasse.

»Sieh man zu, dass du was Eigenes bekommst«, sagte Struve. »Jeder Mensch braucht etwas, wo er graben, säen, pflanzen und ernten kann, und wenn es ein Stück Moor ist. So ganz eigen ist mir dies Haus immer noch nicht. Der Landrat hat meinem Vater die Moorparzelle für neunundneunzig Jahre in Erbpacht gegeben. Aber für mein Leben wird das wohl reichen, es sind noch neun Jahre übrig.«

Er erzählte, wie seine Eltern ins Moor gekommen waren, lange vor dem ersten Krieg. Die Mutter ging schon mit dem zweiten Kind, und Vater sagte: Als Tagelöhner kann ich euch nicht ernähren, wir müssen ins Moor. Der erste Sommer – das muss im Jahr vier zur Kaiserzeit gewesen sein – war recht was trocken, und sie dachten schon:

Ach, das ist ein schönes Leben im Moor. Aber dann kamen Fluten und Stürme, die die Wasserschöpfmühlen umwehten. Im Frühling, wenn der Schnee taute, wurde das Moor ein See bis zum Elbdeich hin, man konnte nicht die Haustür öffnen. Wer draußen zu tun hatte, schöpfte sich die Schuhe voll.

Sie rangen dem Moor ein Stück Erde ab, bauten mit eigenen Händen das Haus, deckten es mit Reet, das reichlich vorkam in dieser Gegend, weideten Kühe und pflanzten Kartoffeln, die berühmten Moorkartoffeln, eine Delikatesse für die feinen Häuser von Hamburg und Berlin. Endlich besaßen sie etwas Eigenes, wenn auch auf schwankendem Boden.

Die ersten Jahre lebte sein Vater vom Torfstechen, bis er so viel Moorland urbar gemacht hatte, dass er Bauer spielen konnte.

»Weißt du, wie Torfstechen geht? Du musst dir das Moor als braunen, matschigen Schokoladenkuchen vorstellen. Da schneidest du mit einem Spaten oder mit der Säge die Tortenstücke raus, schichtest die braunen Bricken zum Trocknen auf. In meiner Kinderzeit standen kilometerlange Reihen Torfsoden am Weg. Im Winter, wenn die Wege fest und gefroren waren, fuhren sie den Torf nach Hause. Am Ersten Mai rückten die Torfarbeiter ins Moor, und im September zogen sie wieder ab. Wenn du Hinnerk Struve fragst: Sie haben in all den Jahren viel zu viel abgegraben. Das Moor senkte sich, und auf einmal hatten wir vor unserer Haustür die tiefste Stelle im deutschen Vaterland, zwei Meter unterm Meeresspiegel, die einzige Sehenswürdigkeit in dieser Gegend. Sie mussten zwei Mooraufseher einstellen, die aufpassten, dass unser Moor nicht tiefer als zwei Fuß über Wasserpegel abgegraben wurde. Als ich junger Mann war, hörte das Torfgraben ganz auf, es blühten nur die Butterblumen.«

Ob Keppler ihm kündigen wird? Der macht Urlaub auf der Insel und nimmt sich die Zeit, mit Radek zu sprechen. Aber Radek kommt nicht.

Der Zug hatte Verspätung, könnte er sich entschuldigen.

Ja, eine Viertelstunde, aber wo sind die vier Stunden geblieben?, wird Keppler fragen.

»Im letzten Krieg fing die Torfstecherei wieder an, weil es mit Briketts knapp wurde«, erzählte Struve. »Sie schickten russische Kriegsgefangene und polnische Zivilarbeiter ins Moor, die ihre Nächte in dem vergitterten Saal unserer Gastwirtschaft verbrachten und ihre Tage in den braunen, wässerigen Gräben. Zwei Wachsoldaten waren bei ihnen, trotzdem sind drei Gefangene weggelaufen. Aber es soll ihnen nicht gut bekommen sein. Zwei sind untergegangen, einen haben sie erschossen.«

Jetzt wird Keppler Sabine anrufen. Natürlich

nicht er, sondern seine Sekretärin. Wo bleibt Ihr Mann, Frau Radek? Und Sabine wird sich Sorgen machen.

Der alte Struve trat mit ihm vor die Tür, um zu zeigen, was ihm gehörte. Mit der Krücke klopfte er aufs herabhängende Reetdach.

»Fünfzig Jahre alt und hält immer noch«, sagte er. »Die Moorkaten mit Reet zu decken war übrigens kein guter Einfall. Blitze fahren gern in Reetdächer. Bei uns im Moor brannte es häufiger als anderswo.«

Die Krücke zeigte zu einer Wiese, die Struve mit eigenen Händen dem Moor abgerungen hatte. Die Birken am Wege hatte er selbst gepflanzt vor halben hundert Jahren; nun wehe jeder Herbststurm eine um. So sei eben das Alter.

»Birken taugen nichts fürs Moor, aber sie sind schön anzusehen wie junge Mädchen.«

Ein Zug rasselte über die Hochbrücke Richtung Westerland.

»Es ist ja nicht so, dass wir Moorleute hinterm Mond leben!«, rief der Alte und lachte. »Auf dem Kanal kommen die Ozeandampfer zu Besuch, über den Damm fährt die große Welt spazieren. Es ist viel vorgekommen in unserer Gegend. Zu Kaisers Zeiten hat es sogar ein Erdbeben im Moor gegeben, in St. Margarethen fielen die Tassen aus dem Schrank, und in unserem Kuhstall schwappte die Milch über. Meine Mutter erzählte gern, wie der Kaiser zu Besuch gekommen ist, um dem Kanal seinen Namen zu geben. Die Moorkinder warteten am Weg, die Mädchen in langen Röcken, Schleifen im Haar, die Zöpfe geflochten, in den Händen kleine Blumensträuße. Majestät brauste in einer Kutsche vorüber. Die Männer zogen ihre Mützen, die Frauen verneigten sich, der Kaiser winkte. Die Mädchen nahmen ihre Blumensträuße mit nach Hause, stellten sie in eine Vase und hielten sie in Ehren, denn sie hatten den Kaiser gesehen. Eine Militärkapelle spielte, schwarzer Rauch aus dem Schornstein eines Kanonenbootes wehte übers Moor, Geschütze donnerten Salut, schreckten Wildenten auf und Fischreiher. So war das mit dem Kaiser. Die allergrößte Aufregung brachte aber die Eisenbahn. Erst schütteten sie den Damm, dann bauten sie die Brücke. Damit das geschehen konnte, musste wieder ein Krieg ausbrechen. Russische Gefangene der Masurenschlacht richteten ihr Lager am Geesthang ein und zogen in Kolonne Tag für Tag zur Arbeit an den Damm, schoben Loren hinauf und trugen Steine hinunter. Auf dem Heimweg sangen sie. Noch heute findest du auf unserem Geestfriedhof Russengräber. Die sind nicht im Moor ertrunken oder auf der Flucht erschossen; sie starben an gewöhnlichen Krankheiten, an Fieber oder Heimweh.«

Radek setzte sich auf eine Bank unter einem

blühenden Holunderbusch. Es kam ihm vor, als sei er schon immer hier gewesen, als wäre das Moor sein Zuhause.

»Als die Brücke fertig war, gab es wieder eine Feier. Die Kinder bekamen schulfrei, standen am Damm und begrüßten die mit Eichenlaub bekränzte Lokomotive, die aus dem Flachland emporgekrochen kam und zum ersten Mal über die Brücke kletterte. Seit jener Zeit sind unzählige Züge gekommen und gegangen, mit der Ruhe im Moor war es dahin. Wir im Moor kennen unsere Züge und ihre Uhrzeiten. Besonders laut werden sie, wenn Nebelschwaden über dem Moor hängen, die Nebelhörner der im Kanal liegenden Schiffe tuten und die Kühe auf den Moorwiesen brüllen.«

In Westerland flanierten sie jetzt auf der Kurpromenade und sahen dem Meer zu.

Ein Schwarm Kiebitze fiel mit aufgeregtem Gekreische hinter der Kate ein, Möwen trieben vor dem Wind landeinwärts, Wildenten wasserten in einem moorigen Tümpel.

»Kannst bei mir schlafen, wenn du willst«, sagte Struve. »Abends kommt Grete und bringt frisches Brot. Mit dem Fahrrad kommt sie, wenn sie kommt, und fährt wieder nach Hause, bevor es dunkel wird. Grete ist noch zu jung für das Moor, die wird erst im nächsten Herbst fünfundsechzig.«

»Haben Sie keine Angst, Nacht für Nacht allein im Moor zu leben?«, fragte Radek.

»Da möchte ich doch mal fragen, junger Mann, warum du keine Angst hast vor den dunklen Nächten in der Stadt. Was dem Menschen heutzutage Angst einjagt, kommt aus der Stadt; die Wälder, Wiesen und Moore kennen keine Angst.«

Der alte Struve blickte den Weg entlang und wartete auf Grete.

»Solange Grete kommt, geht es mir gut.«

Und sterben wollte er auch im Moor, das hatte er schon vor langer Zeit entschieden.

»Zwölf Höfe hat es einmal gegeben. Wer leben wollte, siedelte im Moor. Aber heute zieht es die Menschen in die Stadt, ein Moor besuchen sie nur bei gutem Wetter. Die meisten der zwölf Katen wurden vom Blitz eingeäschert, sie sind bald nicht mehr zu sehen. Meine ist die letzte. Im dritten Haus am Weg wurde meine Frau geboren. Na, die Kate ist auch schon lange hinüber. Siehst du die blühenden Obstbäume? Da lag ihr Hof. Bäume sind treuer als Menschen, sie werden noch blühen, wenn niemand mehr im Moor lebt.«

Er sollte Sabine anrufen und ihr sagen, dass er sich auf einer Zeitreise befinde und in ein anderes Leben gefallen sei.

»Unsere Schule lag zwei Kilometer Luftlinie entfernt am Geesthang. Wir Moorkinder gingen am liebsten im Pulk zur Schule, sangen und lernten unterwegs, und wintertags, wenn es früh dunkelte, sahen wir die Moorfrauen auf dem Eis tanzen. Weil die Höfe so verstreut lagen, kam nur selten einer auf Nachbarschaft, um über die Arbeit und die Witterung zu reden. An den Abenden blieb jeder für sich.«

Es soll Blumengärten im Moor gegeben haben. Radek sah Stockrosen vor Fensterbänken. Rhododendron wucherte in der sauren Moorerde. An Novemberabenden saßen sie unter blakenden Petroleumlampen und übten das Schweigen.

»Elektrisches Licht hat es im Moor nie gegeben, brauchten wir auch nicht. Aber eine Fernsprechstelle wurde schon früh in unserer Gastwirtschaft eingerichtet, das war im Jahr eins, als der Kaiser Geburtstag hatte.«

Die Sonne fiel hinter das Reetdach, der Wind schlief ein wie immer, wenn der Tag sich neigte.

»Sie mussten einen neuen Krieg anfangen, um den Moorkanal so zu erweitern, dass er mit Schleppkähnen befahren werden konnte. Wieder besorgten das russische Kriegsgefangene, die nach der Kesselschlacht von Smolensk übrig geblieben waren. Der zweite Krieg brachte dem Moor eine laute Zeit. Flugzeuge rasten im Tiefflug übers Schilfrohr, am Geesthang stand eine Flakbatterie und feuerte in die Bomberpulks, die nach Hamburg flogen. Ein paar Bomben, die die Hochbrücke und den Bahndamm treffen sollten, fielen ins Moor und vergaßen zu explodieren. Auch ein Flugzeug stürzte in den Sumpf und versank innerhalb einer Stunde. Ja, da unten liegen noch ein paar Engländer und warten darauf, ordentlich begraben zu werden. Noch schlimmer wurde es nach dem Krieg. Da donnerten die Düsenjäger von Jagel übers Moor, einmal Helgoland und zurück. Bei ihrem Krach verkalbten die Kühe, und Vögel fielen tot von den Dächern.«

Endlich kam Grete den Birkenweg entlanggeradelt.

»In dem Jahr, als ich zur Welt kam, soll das erste Fahrrad im Moor erschienen sein«, erklärte Struve. »Aber es ging nicht lange gut damit. Der stolze Radler trank einen über den Durst und landete im schönsten Maienmondenschein im Moorkanal. Er selbst konnte sich man knapp retten, aber sein Fahrrad ward nicht mehr gesehen.«

Grete stellte ihr Rad an den Holunderbusch.

»Du hast ja Besuch, Hinnerk«, wunderte sie sich.

»Der feine Herr wollte sich mal ein Moor ansehen.«

»Ist er verrückt?«, fragte Grete.

»Nee, nee, er hat sich nur verlaufen.«

»Ich werde euch ein gutes Abendbrot machen«, schlug sie vor.

»Bitte nicht«, sagte Radek. »Ich muss gehen, irgendwohin, bevor es dunkel wird. Man erwartet mich.«

»Wenn du wieder mal aus dem Zug fallen willst, versuch es auf der anderen Seite«, schlug Hinnerk Struve vor. »Hinter dem Bahndamm gibt es ein Dorf mit richtiger Gastwirtschaft, die hat sogar Fremdenzimmer, Telefon und Fernseher.«

In diesem Augenblick gab Radeks Handy Laut. Er war so verdutzt, dass er lange suchen musste, um das Gerät zu finden.

»Wo bleibst du?«, fragte eine Frauenstimme.

»Ich habe mich im Moor verirrt.«

»Keppler ist außer sich, und Dr. Martens will heute noch das Milanoprojekt mit dir besprechen.«

»Ich nehme den nächsten Zug«, stammelte Radek.

Grete und der Alte starrten das sonderbare Gerät an.

»Sag bloß, du hast mit dem lieben Gott telefoniert«, brummte Hinnerk Struve.

»Ich muss gehen, ich habe es eilig.«

»Am besten, du nimmst den Fußweg durchs Moor, dann bist du in einer Stunde am Fähranleger«, schlug der Alte vor.

Radek schüttelte jedem die Hand, bevor er sich auf den Weg machte. Das Schilf schlug über ihm zusammen. Er schreckte Enten auf. Über seinem Kopf hingen Mückenschwärme; als er ihnen davonlief, verfolgten ihn die Mücken. Die Aufbauten eines Containerschiffes zeigten ihm, dass er sich dem Kanal näherte. Er hatte es eilig, aus dem

Sumpf herauszukommen. Diese Furcht vor dem Sonnenuntergang. Wenn erst die Düsternis ins Schilf fiele, wäre er verloren. Ihn ergriff eine Sehnsucht nach hell erleuchteten Räumen, nach der Nähe vieler Menschen, nach weiß gedeckten Tischen und Klaviermusik im Hintergrund. Ein Stehempfang mit Champagner. Anschließend zum Kurkonzert auf die Promenade. Hinter den Musikanten versinkt die Sonne im Meer.

Wieder rasselte einer jener Züge über die Hochbrücke, von denen er nicht wusste, ob es Silberpfeile waren oder Güterzüge oder ganz gewöhnliche Züge der alten Art. Mit ihnen kroch eine Lichterkette über den Damm, oder war es das letzte Sonnenlicht, das sich in den Scheiben spiegelte?

Am Kanalufer lag die Fähre, als hätte sie auf ihn gewartet. Der Mann, der den Schlagbaum bewegte, schaute verwundert zu, wie Radek die Kletten aus der Kleidung sammelte, das Wasser aus den Schuhen goss, die Strümpfe wrang, die Füße mit einem Papiertaschentuch abwischte und sich schließlich die Krawatte umband.

»Kann man hier ein Taxi rufen?«, fragte Radek den Fährmann.

Der zeigte zu dem Lokal auf der anderen Seite des Wassers.

Das Kurorchester spielte um diese Zeit »Dorfschwalben aus Österreich«.

Der Kruschkenbaum und andere Sehenswürdigkeiten

»... Dem kennen wir ... Auf dem Acker haben wir Schweiß vergossen und die Hände gefaltet ... Sieh mal, die alte Brücke! ... Die Kopfweiden am Weg tragen immer noch Trauer ... Unser Adebar ist hundert Jahre alt ... In der Schule dort an der Eck hat es so manchen Mutzkopp gegeben ...«

Der Bus schaukelte unter dem Laubdach verblühter Linden. Sie fuhren an Dörfern und Kuhweiden vorbei, tauchten ein in die masurischen Wälder und hielten an Seen, deren Namen sie vergessen hatten. Eile war nicht geboten. Um den alten Leuten Gelegenheit zu geben, sich gegenseitig Häuser und Kirchtürme zu zeigen, blieb der Bus gern auf Marktplätzen stehen. Ein halbwüchsiger Junge zählte Storchennester, seine Schwester Störche.

Anna, die aus Wiecherts »Einfachem Leben« vorgelesen hatte in jener Sprache, die in Masuren auszusterben droht, schwieg seit der letzten Wegbiegung. Das Mikrophon hatte sie in den Schoß gelegt, um den Reisenden Zeit zu geben, ihre alten Gedanken zu denken und Störche zu zählen.

Hinter ihr erklärte eine Großmutter der Enkelin die Welt: »Na, was Poggen sind, weißt du doch … Unser Adebar trug immer rote Strümpfe … Wenn es im Korn raschelte, ging die Muhme um …«

Eine Frau kam nach vorn, um Anna zuzuflüstern, sie sei dem Wiechert begegnet, vorgestern beim Besuch im Forsthaus Kleinort.

»Er ging hinter mir … Ich hab ihm gespiert … Es war der Wiechert.«

Auf den hinteren Bänken sangen Frauen, obwohl es gerade Kleinmittag war, ein Abendlied: »Es dunkelt schon in der Heide«.

»Wir kommen jetzt in eine Stadt, in der ein richtiger Dichter zu Hause gewesen ist.«

Gleich wollte einer ein Huhn in Mohdrickers Garten gackern hören, und als sie Rast machten an der Burg, roch die ganze Stadt nach Kaffee. Was der Arno Holz geschrieben hat, wussten sie nicht, aber er gehörte zu ihnen, er war ihr Dichter.

Von Hermann Sudermann ganz zu schweigen. In seinen Büchern hat er beschrieben, wie er den Memelstrom rauf- und runtergefahren ist, nach Tilsit und zurück.

»Einmal hat er in unserem Dorfkrug übernachtet. Nachher bommelten sie gleich ein Schild übers Bett: Hier ruhte der Dichter Hermann Sudermann in der Nacht vom dritten zum vierten Mai des Jahres neunzehnhundertzwanzig.«

»Nächstes Jahr, wenn wir gesund sind, sollten wir an die Memel fahren, um den Sudermann zu besuchen. Und unsere Anna kommt mit.«

»Es wird Zeit, dass wir den Sudermann auf eine Briefmarke kriegen«, schlug ein anderer vor. »Herrschaften, wenn wir zu Hause sind, schreiben wir alle an die Post und bitten drum, Sudermanns hundertfünfzigsten Geburtstag nicht zu vergessen.«

Die Frauen auf den hinteren Plätzen hatten die »Mutter Ostpreußens« am Wickel. Eine sagte »Die Frauen von Nidden« auf, so frei aus dem Kopf ohne Vorsagen, wie sie es in der Schule gelernt hatte. Und da sie gerade bei den Frauen waren, gedachten sie auch der Königin Luise, die von Geburt her zwar nicht nach Ostpreußen gehörte, aber vom Herzen her ganz die ihre war. Als der Bus an einem Kornfeld vorbeifuhr, ließen sie anhalten, um die Lieblingsblumen der Königin zu pflücken.

Der Bus holperte über Eisenbahnschienen.

»Gleich kommt der Wasserturm«, behauptete einer.

»Von wegen, dein Wasserturm wurde zum Pulverturm; am siebenundzwanzigsten Januar sprengten sie ihn in die Luft.«

Er gab sich nicht die Mühe, das Datum näher zu erklären, jeder im Bus wusste, welch ein 27. Januar das gewesen sein musste.

»Auch Kaisers Geburtstag fiel auf einen siebenundzwanzigsten Januar«, bemerkte eine alte Stimme.

»Ja, der Kaiser war oft in dieser Gegend. Bei uns, gleich um die Ecke, hat er mal einen Hirsch geschossen. Und danach haben sie ihm das Halali geblasen.«

Vor ihnen eine Kreuzung mit ausgebreiteten Wegweisern. Noch war es ungewiss, ob der Bus rechts in den Wald oder links übers Kopfsteinpflaster in ein Dorf fahren oder doch lieber geradeaus den masurischen Hügeln zustreben sollte, als ein alter Mann aufsprang.

»Halt mal an, Andreas!«, rief er dem Busfahrer zu und hangelte sich an den Sitzlehnen nach vorn.

Der Busfahrer ging in die Bremsen, die Frauen hörten auf zu singen.

Der Mann zeigte zu einem Gehöft, einen Steinwurf abseits der Straße gelegen. Sie sahen das übliche Geviert aus Stall, Scheune und Wohnhaus. Auf dem Scheunendach, wie nicht anders zu erwarten, ein Storchennest, im Garten eine Frau, gebückt bei der Arbeit.

»Mach mal die Tür auf, Andreas!«

Der Fahrer gehorchte.

»Ich muss da hin«, entschuldigte sich der Mann bei Anna und winkte dem Jungen zu, der gerade das siebenundachtzigste Storchennest gezählt hatte.

»Komm mit, Thomas, versteck dich nicht!«

»Wir können hier keine beliebige Pause einlegen«, erklärte Anna. »Wenn es dringend ist, müssen Sie die Leute fragen.«

»Es ist dringend«, murmelte der Mann.

Anna schaltete das Mikrophon ein und hielt es dem Alten vor den Mund.

»Also, hört mal zu, Herrschaften«, schrie er so laut, dass sie es auch ohne Mikrophon hören konnten. »Ich bin eigentlich in der Goldaper Gegend zu Hause, aber meine Mutter kam aus dem Angerburgischen. Wie nun der Bus um die Ecke schuckelt, seh ich den Hof, auf dem meine Mutter geboren ist. Das graue Hauschen mit den vier Fenstern zum Garten hin und auf der Scheune der Adebar, da war sie zu Hause. Vielleicht geben Sie mir zehn Minuten, dass ich rübergehe, um es zu begucken und ein Bildchen zu fotografieren. Es ist nicht für mich, aber ich hab den Jungen mit, der soll sehen, wo seine Urgroßmutter auf die Welt gekommen ist.«

Als sie sahen, wie er ein großes Schnupftuch aus der Hosentasche zog, sich heftig schnäuzte, auch die Augen damit auswischte und den Jungen sanft am Ohr zog, ließen sie ihn gehen. Wenn es so mit einem Menschen steht, muss es sein.

Anna wollte, um die Zeit zu überbrücken, wieder aus dem »Einfachen Leben« lesen, aber der Alte zupfte an ihrem Ärmel.

»Vielleicht meechtest du mitkommen, um ein bisschen zu dolmetschern, Anna?«

Sie folgte ihm. Zu dritt marschierten sie auf das Anwesen zu, der Junge in der Mitte. Im Bus hörten sie, wie der Hund anschlug. Eine Frau mit weißem Kopftuch trat an den Staketenzaun. Anna gestikulierte heftig. Plötzlich verbeugte sich die Frau und zeigte zur offenen Haustür. Die Gruppe verschwand, der Hund verstummte.

»Na, das wird dauern«, sagte einer im Bus. »Bestimmt wird sie ihm Tee kochen und Wurstbrote schmieren.«

Kurze Zeit später sahen sie die Gruppe über den Hof wandern. Andreas drückte ungeduldig auf die Hupe. Hinter der Scheune verschwanden sie, um an der anderen Hausseite im Garten zu erscheinen. Der alte Mann umarmte Bäume.

Das weiße Kopftuch verharrte unter einem Birnbaum. Zwei Hände griffen nach einem Ast und schüttelten. Früchte purzelten ins Gras. Die Frau bückte sich und sammelte das Obst in eine Kiepe.

Die Reiseleiterin kam zum Bus gerannt, der Junge hinterher. Das weiße Kopftuch gab dem alten Mann die gefüllte Kiepe. Er trug schwer daran, schaute sich immer wieder um zu der Frau am Staketenzaun, winkte auch ein bisschen. Wieder bellte der Hund.

Kaum war der Mann im Bus, schlug die Tür zu.

Andreas hupte dreimal. Der Bus brauste davon. Neben dem weißen Kopftuch erschien eine winkende Hand.

Der Mann ging mit der Kiepe die Reihen ab und verteilte gelbe Birnen.

»Es ist von dem alten Kruschkenbaum, unter dem meine Mutter gespielt hat«, sagte er. »Die Bäume haben es überlebt, sie sind stärker als wir Menschen.«

Nachdem er die Früchte verteilt hatte, bat er Anna um das Mikrophon.

»Herrschaften!«, sagte er. »Wenn ihr nun meine schönen Kruschken esst, meecht ich doch drum bitten, mir ein paar braune Kerne einzusammeln. Ich will nämlich in meinem Garten in Remscheid einen Baum pflanzen, damit das Leben weitergehen kann.«

Er wanderte wieder die Reihen ab und sammelte braune Kerne. Der Junge zählte Storchennester.

Am Mittag hielt der Bus, wo die Schiffchen über den Berg fahren. Dann kurvte er zu der Stelle, an der sie, aber nur für zehn Jahre, den Hindenburg zur Ruhe gelegt hatten und die jetzt zur masurischen Wildnis geworden war. Außer Hahnenfuß und Kamille war nichts zu sehen. Zu dem anderen, dem sie im Wald bei Rastenburg einen gewaltigen Bunker gebaut hatten, wollte keiner fahren.

»Von dem haben wir genug gehabt«, erklärte ein Mann, der den Vornamen Adolf trug.

Dann lieber den Kant besuchen. Der war so ein bodenständiger Mensch, den haben nicht mal die Russen aus Königsberg rausgekriegt.

Als sie durch Mohrungen fuhren, erhob sich einer, um zu sagen: »Hier ist Gottfried Herder geboren, er soll ein anständiger Mann gewesen sein.«

Auf den hinteren Bänken sangen sie das »Ostpreußische Reiterlied« der Papendick.

In einer Gesangspause erklärte Anna den Dom zu Frauenburg. »Hier hat der Kopernikus entdeckt, dass unsere Erde rund ist.«

»Das hätt er lieber bleiben lassen sollen«, bemerkte eine Frau. »Seitdem die Menschheit weiß, dass sie auf einer Kugel lebt, geht alles drunter und drüber.«

Sie fuhren noch ein Stückchen am Haff entlang, um an die zu denken, die damals übers Eis geflüchtet sind. Bestimmt liegen noch ein paar Wagen auf dem Grund und behindern die Haff-Fischerei.

Als der Bus gegen Abend zum Quartier nach Allenstein fuhr, las Anna noch ein Kapitelchen aus dem »Einfachen Leben«.

Königin der Nacht

Nach der Vorstellung erschien ein Herr, der sich als Generalbevollmächtigter eines weltweit operierenden Technologiekonzerns vorstellte. Er habe das Konzert genossen, noch nie sei ihm Schumann so nahe gegangen wie an diesem Abend, schwärmte er. Sein Unternehmen plane, ein größeres Seminar zu veranstalten. Ob Dragan sich vorstellen könne, am Abschlussabend, der etwas stilvoll gestaltet werden solle, ein Konzert zu geben?

»Es sind junge Führungskräfte, clevere Leute«, erklärte der Mann.

Dragan zwang sich, seine Begeisterung nicht zu zeigen. Er zückte ein Notizbüchlein und blätterte umständlich in den Wochen und Monaten.

»Schön wäre es, wenn wir noch eine Sängerin aufbieten könnten«, fuhr der Mann fort. »Die Dame singt Arien, und Sie spielen am Flügel.«

Dragan erklärte, er kenne eine Dame Ludmilla, die bis vor wenigen Monaten an der hiesigen Oper gesungen habe, nun aber aus Altersgründen aus dem Ensemble ausgeschieden sei. Er werde sie fragen.

Während Dragan überlegte, welche Gage er

wohl fordern dürfe, entfuhr ihm der Hinweis, er verstehe sich nur aufs klassische Genre.

Das war ganz im Sinne des Herrn Generalbevollmächtigten. Der hatte an Schumann gedacht, vielleicht auch Schubert und natürlich Mozart.

»Königin der Nacht«, bemerkte Dragan lächelnd. Ludmilla habe in ihren besten Zeiten mühelos das hohe C gesungen.

Mit der Königin der Nacht war der Herr einverstanden, mit und ohne C. Für den Abschluss wünschte er etwas Modernes. Wie wäre es mit »Summertime« von George Gershwin? Das sei schließlich auch schon klassisch.

Als Gage nannte er eine Summe, die zu fordern Dragan niemals gewagt hätte, fünftausend Mark für jeden, insgesamt also zehntausend.

Wieder musste Dragan sich auf die Lippe beißen und so tun, als sei er mit der Summe nur mäßig einverstanden.

Natürlich war Ludmilla bereit. Sie besichtigten gemeinsam den kleinen Saal des Kongresszentrums, in dem das Ereignis stattfinden sollte. Sie probten mehrere Male, überzeugten sich von der Qualität der Lautsprecher, und als Dragan fragte, ob Ludmilla noch die Königin der Nacht singen könne, versprach sie, es versuchen zu wollen.

Am Abend ihres Auftritts zog Ludmilla das lange Brokatkleid an. Ein Taxi brachte sie ins Kongresszentrum, wo Dragan sie im Smoking empfing. Vor dem Auftritt saßen sie zusammen, tranken Tee und sprachen von früher.

Der Herr, der alles arrangiert hatte, kam zu ihnen. Er küsste Ludmilla formvollendet die Hand und ließ sich die Programmfolge erklären. »Summertime« wie gewünscht als krönenden Abschluss. Beiläufig zog er zwei Briefchen aus der Tasche und schob sie über den Tisch.

Er habe nach der Veranstaltung keine Zeit, mit ihnen den Abend ausklingen zu lassen, erklärte er, da er seinen Chef auf einem Flug nach Baltimore begleiten müsse. Darum das Finanzielle schon jetzt im Vorwege.

Sie hörten, wie er von der Bühne aus zum Auditorium sprach. Er nannte Ludmilla eine berühmte Operndiva und Dragan einen über die Grenzen des Landes hinaus bekannten Pianisten. Der Vorhang flog auf, sie standen im Rampenlicht. Dragan verbeugte sich, Ludmilla lächelte.

Im Saal mochten an die zweihundert Menschen sein, die in Gruppen zusammenstanden und plauderten. Sie trugen schwarze oder graue Anzüge, es gab keinen weiblichen Farbfleck in dem Ensemble. Dragan entdeckte kleine Tischchen, dahinter Sitzbänke oder gewöhnliche Bürostühle. Einen Augenblick dachte er, in der Aula einer Schule zu sein oder in dem Hörsaal einer Universität.

Um sich einzustimmen, klimperte Dragan auf dem Flügel. Ludmilla trat vor, blickte über das

Menschengewoge zur gegenüberliegenden Wand. Was im Saal vorging, konnte sie schwer erkennen, weil das Scheinwerferlicht sie blendete.

Also Schumann. Dragan meinte, das Piepen eines Handys zu hören. Er wollte sein Klavierspiel unterbrechen, überwand aber den Widerwillen gegen den Piepton, weil er es Ludmilla nicht antun mochte.

Nach dem Applaus sprach eine Stimme, es war die des Herrn, der ihnen die Umschläge überreicht hatte, in die Dunkelheit hinein und bat darum, die Handys auszuschalten.

Ludmilla sang Schubert. Dragan hörte eine Tür klappen. Jemand verließ den Raum, sicherlich nicht, weil ihm die Darbietung missfiel, sondern weil ihn die Notdurft plagte. Er wird zurückkehren, dachte er zuversichtlich, ganz gewiss.

Seltsame Flecken erschienen in der Dunkelheit. Er konnte sich nicht erklären, woher dieses blaue Licht kam. UFOs, dachte er und musste lachen. Dann wieder fielen ihm Unterwasserscheinwerfer in einem Aquarium ein. Die Lichtkreise könnten die Riesenaugen eines Tintenfisches sein.

Ludmilla sang wie in ihren besten Tagen. Er nickte ihr zu, und sie lächelte ihn an. Sie nahm Platz, tupfte mit einem Tüchlein das Gesicht ab. Die Bedienung brachte Mineralwasser.

Wieder klappten Türen, es war dahinten in der Dunkelheit ein Kommen und Gehen.

Ludmilla erhob sich, um die Königin der Nacht zu singen. Dragan war in Sorge wegen des hohen C, aber Ludmilla hatte auf der Königin der Nacht bestanden, und sie schaffte es ohne große Mühe.

Nach den ersten Tönen hörte Dragan ein seltsames Geräusch. Es kam aus dem Saal. So als schlüge jemand auf eine Tastatur. Rechts hinten in der Ecke vernahm er es, aber auch in der Nähe neben der Bühne. Plötzlich war alles erfüllt von diesem leisen Tasten, das allerdings kräftig übertönt wurde von der Königin der Nacht. Als der Beifall verklungen war, hörte er es wieder. Dragan warf Ludmilla einen prüfenden Blick zu. Die schien es nicht bemerkt zu haben, dieses sonderbare Tasten und die hellblauen Flecken in der Dunkelheit. Sie hielt die Augen halb geschlossen, nippte kurz an ihrem Glas, lächelte vor sich hin.

Zum Abschluss George Gershwin, wie gewünscht. Dragan kam es vor, als sei da ein Rumoren unter den Zuhörern. Einige trommelten mit den Fingerspitzen den Takt auf die Tischchen. War es denn möglich, dass sie mitsangen? Von der Tür her fiel Licht in den Raum. Er hörte murmelnde Geräusche. Ihn überfiel die Angst, er könnte einen Fehler machen, weil die Geräusche und das sonderbare Licht ihn ablenkten.

Erschöpft sank Ludmilla auf ihren Stuhl, erhob sich, um sich zu verneigen, setzte sich wieder. Die Zuhörer trommelten nun wirklich wie in einem Hörsaal aufs Holz. Die Deckenbeleuchtung flammte auf. Entsetzt stellte Dragan fest, dass die Hälfte der Zuhörer bereits gegangen war. Auf den Tischchen erkannte er die Quelle des hellblauen Lichts: eingeschaltete Laptops, an denen die jungen Führungskräfte Fingerübungen veranstalteten. Neben ihnen lagen Schreibblöcke und Kugelschreiber.

Ein junger Mann, nicht der, der ihnen die Briefumschläge überreicht hatte – der befand sich bereits auf dem Wege nach Baltimore –, sprang auf die Bühne und dankte mit bewegten Worten für den großen Abend. Ludmilla bekam Rosen.

Dragan schlich in den Waschraum, um sich zu erfrischen. Dort traf er einen der jungen Burschen, der den Kopf unter den Wasserhahn hielt.

»Der Dow Jones ist um dreihundert Punkte abgestürzt«, prustete er ins Becken. »Eine mittlere Katastrophe.«

Er fand kaum Zeit, das Gesicht zu trocknen, sondern rannte hinaus zu seinen Leuten, die große Anstrengungen unternahmen, den weiteren Sturz des Dow Jones aufzuhalten.

Spät am Abend tranken sie noch ein Gläschen Wein, sprachen über alte Zeiten und die Mühe mit dem hohen C. Ludmilla hatte von allem nichts bemerkt, und Dragan beschloss, kein Wort zu verlieren über die hellblauen Lichtpunkte, die tastenden Geräusche und den Absturz des Dow

Jones. Er bewunderte sie. Ludmilla sang wie eine Nachtigall, und es war ihr gleichgültig, wer zuhörte. Sie sang für die Königin der Nacht.

Behutsam öffnete sie den Umschlag und zählte nach. Ja, es waren zehn Fünfhundertmarkscheine.

Wie ein Esel vor Hunger sterben wollte

Sie begegnete ihm vor den Toren des großen Kaufhauses. Das graue Tier stand auf harten Zementplatten, ließ nach Eselsart den Kopf hängen, während neben ihm ein Kinderauto hupte und kleine Hubschrauber ihre Rotoren surren ließen. Als meine Tante Elisabeth um die Ecke bog, gab der Esel Laut mit einem klagenden Iah. Die Passanten blieben stehen, Kinder bestaunten das Tier, das so elend aussah, als sei es gestern durch einen Fleischwolf gedreht worden.

Tante Elisabeth liebte Tiere. Obwohl in Eile, drängte sie sich durch die Menge und entdeckte neben dem Esel einen alten Mann mit strähnigem Bart, der in winterlichen Zeiten gut und gern als Weihnachtsmann hätte gehen können. Der Mann lehnte an der Wand des Kaufhauses, tat wie unbeteiligt, wohl wissend, dass dem Esel in jeder Hinsicht der Vortritt gebührte. Eine Teekanne aus rotem Metall stand zu seinen Füßen, im Deckel ein Schlitz, breit genug für beliebig große Münzen und zusammengefaltete Scheine. Dem Esel hatte er mit Bindfaden folgende Botschaft beidseitig um den Leib gebunden: Ich habe Hunger.

So also stand es um die beiden. Der Alte sah wohlgenährt aus, der Esel schrie vor Hunger. Im Beisein meiner Tante ließ er einige Eselsäpfel fallen, die so hässlich aussahen, dass jedermann erkennen konnte, wie es im Inneren des Esels aussah. Sie stanken entsetzlich. Ein Kind bückte sich, um einen Keks mit dem Esel zu teilen, doch das Tier verschmähte die milde Gabe, wies kopfnickend auf die rote Teekanne. Auch legte es seine Eselsohren an, was den Mann an der Wand zu der Mahnung veranlasste: »Geht nicht so dicht ran, Benjamin fängt gerade an, böse zu werden.«

So ein schöner Name für so ein hässliches Tier. Der Alte stellte sich als Nikolaus vor, ein glaubhafter Name, wie jeder sehen konnte. Als Tante Elisabeth sich bückte, um eine Münze in die Teekanne zu werfen, trat er näher und flüsterte: »Ach, gnädige Frau, ich muss mal schnell zum Pinkeln. Würden Sie bitte auf meinen Benjamin aufpassen?«

Tante Elisabeth spürte einen faserigen Strick in der Hand, an dessen Ende der Esel hing. Der blickte sie mit aufgerissenem Maul an und wollte gerade schreien, als ein größeres Mädchen ihm einen Apfel zusteckte.

Nikolaus verschwand Richtung Stadtbahnhof, wo, wie jeder wusste, ein Toilettenhäuschen Tag und Nacht geöffnet war. Meine Tante versuchte, sich mit dem Grautier anzufreunden. Sie zog behutsam an seinen Ohren und klopfte Sägespäne aus dem struppigen Fell. Kinder fragten nach dem Alter und ob der Esel außer Iah noch andere Worte sprechen könne. Als Geburtsort gab Tante Elisabeth ein sizilianisches Dorf an, das sie an den Hang eines Vulkans verlegte. Wenn Benjamin nicht vor Hunger schreie, dann wegen großen Heimwehs nach Sizilien, dem Dorf und dem Vulkan. In der roten Teekanne klapperten Münzen.

Wo blieb Nikolaus? Tante Elisabeth wollte den Esel an einen Laternenmast binden, ihm die Teekanne vor die Füße stellen und davongehen, aber die Passanten beschworen sie, bei Benjamin zu bleiben. Sie hielten es für Tierquälerei, einen Esel im Gewühl des samstäglichen Marktes allein zu lassen.

Die Teekanne füllte sich. Als eine alte Dame Mühe hatte, einen zusammengeknuddelten Schein durch den Schlitz zu schieben, nahm Tante Elisabeth ihre Mütze ab, ein gutes Stück aus Kaschmirwolle, und legte sie neben den Esel auf den Beton. Schon fielen wie blinkende Schneeflocken die ersten Silbermünzen in die Kaschmirwolle.

Nikolaus kam nicht. Meine Tante sah sich schon mit Benjamin nach Hause trotten, ihm die Garage als Stall herrichten und die Rasenfläche vor dem Haus für einen grasenden Esel opfern. Von der Bäckerei gegenüber kam eine Verkäuferin über die Straße gerannt, schüttete wortlos eine Tüte alter Brötchen vor dem Esel aus und sah zu, wie das Tier ein Schlachtfest in Brot veranstaltete. Erst zertrampelte es die harten Stücke, um danach vom Zementfußboden wie von einer gedeckten Tafel zu fressen. Auch Tauben und Möwen fanden sich ein, um am Tisch des Herrn teilzuhaben. Nur Nikolaus fehlte.

Wohlgesättigt fing der Esel wieder an zu schreien, nun aus Dankbarkeit, wie Tante Elisabeth den Umstehenden erklärte. Er machte Anstalten, sich zum Ausruhen auf die nackten Steine zu werfen und alle viere von sich zu strecken, was meine Tante nur mit heftigem Ziehen am Strick und gutem Zureden verhindern konnte.

Die Teekanne wollte aus allen Nähten platzen. Meine Tante gewöhnte sich daran, danke schön zu murmeln, anfangs nur bei Scheinen, später auch beim Klappern der Münzen. Schließlich überraschte sie sich dabei, wie sie in Gedanken nachzählte, ob es wohl hundert Mark wären oder gar mehr. Als vom Turm der Stadtkirche die Mittagsglocke läutete, schickte sie einen größeren Jungen zur Bahnhofstoilette, um nach Nikolaus zu suchen. Der Junge kehrte wieder und erklärte, weit und breit keinen Menschen getroffen zu haben, der wie ein Nikolaus aussehe.

Der Marktplatz leerte sich. Vor der Kaufhaustür erschien der Pförtner, der nur noch Leute hinaus-, aber niemand mehr eintreten ließ.

»Nun machen wir bald Feierabend«, sagte er freundlich. Er zeigte auf die Stelle, an der der Esel seinen Dreck abgeladen hatte, und versprach, Besen und Schaufel zu bringen, damit sie den Unrat beiseite schaffen könne. Als hätte er es verstanden, ließ Benjamin ein paar harte Eselsäpfel über den Beton rollen. Die Tierliebe meiner Tante ging so weit, dass sie tatsächlich die Platten fegte und die stinkenden Überreste zu einem Papierkorb am Straßenrand trug. In diesem Augenblick erschien, singend und winkend, der Herr des Esels, umweht von einer Wolke aus Kümmelschnaps. Mit Wohlgefallen betrachtete Nikolaus die Teekanne und die halb gefüllte Kaschmirmütze.

»Wusst ich's doch, dass Frauen mehr bekommen«, murmelte er. »Noch besser sind kleine Mädchen, denen geben sie am meisten.«

Er holte ein Säckchen unter seinem Mantel hervor, entleerte darin Kaschmirmütze und Teekanne, band den Schatz dem Esel um den Hals und schwang sich – meiner Tante stockte der Atem – auf das arme Tier, um mit ihm durch die Straßen zu reiten.

»Hast du gut gemacht!«, rief Nikolaus meiner Tante zu und lud sie ein, mit ihm beim Chinesen um die Ecke anständig zu Mittag zu essen. Während der Mahlzeit wollte er in Ruhe Münzen und Scheine zählen.

Das Bild ist nicht überliefert, aber meine Tante

behauptet, so sei es gewesen: Sie habe den Esel am Strick geführt, Nikolaus habe, mehr schwankend als reitend, auf dem Tier gesessen und »La Paloma« gesungen. Rechts und links hätten sich die Fenster geöffnet.

Vor der mit Drachen und Schlangen geschmückten Eingangstür des Chinesen band Nikolaus den Esel an einen Fahrradständer, fuhr mit dem Zeigefinger die ausgehängte Speisekarte ab, tippte auf Nasigoreng und rief: »He, Mädchen, das ist das Richtige für dich!«

»Hätte ich mich damals für Nasigoreng entschieden, wäre ich noch viele Jahre mit Nikolaus und dem Esel Benjamin durch die Stadt gezogen«, erzählte meine Tante in späteren Jahren. So aber trennten sich ihre Wege. Nikolaus ging zum Chinesen und zählte sein Geld, Tante Elisabeth wanderte nach Hause. Ihre Garage wurde kein Eselsstall, und der schöne Garten vor dem Haus ist nie von einem Esel betreten worden.

Nur keine Träne nachweinen …

Liebespaar vor Gedächtniskirche

Monika Salewski, Ernst-Thälmann-Straße. Der Brief, am 20. August geschrieben, war am 2. September von einer befugten Person geöffnet worden. Sie hatte ihn gelesen, das Bild entnommen und auf die Rückseite mit dienstlicher Hand geschrieben: Was treibt die Salewski in Westberlin?

Das Foto zeigte ein Paar vor der Gedächtniskirche, Hand in Hand. Schwarzweiß, zu jener Zeit sah alles schwarzweiß aus. Die weibliche Person musste diese Monika Salewski sein. Eine Schwarzhaarige, klein und hübsch, vielleicht dreißig Jahre alt. Nehmen wir an, der Mann daneben sei der Briefschreiber gewesen. Kaum älter als die Salewski, gekleidet wie die aus dem Westen.

Der Umschlag trug keinen Absender. Das machte ihn verdächtig. Als Unterschrift grüßte »Dein Friedrich«, den weiteren Inhalt, das übliche Gesinge von Liebe, Herz und Schmerz, können wir uns schenken.

Sie hielten den Briefschreiber für einen Agenten des Klassenfeindes. Sein kurz geschorenes Haar deutete auf Bundeswehr. Und so einer hielt die DDR-Bürgerin Salewski im Arm, spazierte mit ihr über den Ku'damm, kaufte ihr Westeis am Stiel. Geschlafen haben die beiden auf einer Bank im Tiergarten. Das vermuteten die Genossen.

Damals entschied ein Genosse Unteroffizier, den Vorgang unter Kontrolle zu halten, zunächst einmal festzustellen, wie oft dieser Friedrich in der Hauptstadt der DDR gewesen war, um mit der Salewski herumzubummeln. Kann sein, dass die Person ihn nach Hause mitgenommen hat in die Ernst-Thälmann-Straße. So kam der Brief zu den Akten und nicht in die Hände der Monika Salewski.

Fünfunddreißig Jahre später fand Grassow, dessen dienstlicher Auftrag lautete, die überkommenen Akten durchzusehen und auf mögliche Menschenrechtsverletzungen oder noch Schlimmeres zu achten, das alte Schriftstück. Er betrachtete das Foto, griff zum Telefonbuch und stieß auf eine Monika Salewski, aber nicht in der Ernst-Thälmann-Straße.

Welche Geschichte steckte hinter dem Brief? Eine Woche nach der Mauer schrieb er ihn. Für solche Leute haben sie die Mauer gebaut. Und was das Bauwerk überqueren wollte, bewahrten sie auf, Liebesbriefe und harmlose Bildchen von der Gedächtniskirche. Wer weiß, vielleicht begegnen wir diesem Friedrich noch einmal und könnten es gegen ihn verwenden, den Liebesbrief und die Gedächtniskirche.

Die Salewski aus dem Telefonbuch hatte nichts mit der Person vor der Gedächtniskirche zu tun. Falsch verbunden, sagte eine jugendliche Stimme.

Grassow legte den Brief in den Postausgangskorb. Ab und zu schaute er hin und entdeckte, dass die Briefmarke abgelöst war. Einer der Genossen war Briefmarkensammler gewesen, wie menschlich. Sogar Briefmarken des Klassenfeindes hatte er abgelöst.

Kurz vor Feierabend rief er oben an. »Ich hab in einer Stasiakte einen alten Liebesbrief gefunden. Müssen wir den noch zustellen?«

»Wir sind keine Briefträger«, antworteten sie von oben.

Was würde die große Bundespost tun, wenn er den Brief mit einer neuen Marke beklebte und in den gelben Kasten gäbe? Er käme wohl in den Reißwolf. Unzustellbare Briefe ohne Absender kommen immer, nach gehöriger Anstandsfrist, in den Reißwolf. Wohin denn sonst?

Abends fuhr Grassow den kleinen Umweg zu jener Adresse, die auf dem Brief stand.

»Ich suche eine Monika Salewski«, sagte er zu der Frau, die im Treppenhaus wischte. »Die soll hier mal gelebt haben.«

»Ach, die Monika!«, rief die Frau. »Die ist schon lange im Altersheim, vielleicht lebt sie gar nicht mehr.«

Grassow zeigte ihr den Brief.

»Gertrud, weißt du, wo die Salewski hin ist?«, schrie die Frau ins Treppenhaus.

»Ins Feierabendheim«, gab eine Stimme Antwort. »Ich glaub, Treptow oder Marzahn.«

»War sie allein?«, fragte Grassow.

»Ja, die Monika ist immer allein gewesen. Früher gab es mal den Jungen, den Markus, aber der hat sich schon fünfzehn Jahre nicht mehr blicken lassen. Bestimmt ist er in den Westen getürmt.«

Grassow hielt den Fall für abgeschlossen; er hatte genug getan, den Brief an den richtigen Adressaten zu bringen. Es stand ja auch nichts Weltbewegendes drin, eben nur das Übliche von Liebe, Herz und Schmerz.

Nach dem Abendessen schaute er ins Telefonbuch und fand zwei Altersheime in Treptow.

Schon beim ersten wurde er fündig. Ja, eine Monika Salewski sei dort untergebracht. »Leider kann ich Sie nicht verbinden, die macht heute eine Bustour in den Spreewald und kommt erst spät zurück.«

Es hätte nun genügt, den Brief in einen Umschlag zu stecken und an Monika Salewski, Altersheim Treptow, zu schicken, aber Grassow entschied sich anders.

»Richten Sie bitte aus, dass ich sie in den nächsten Tagen besuchen werde, ich habe etwas abzugeben.«

Monika Salewski, Zimmer 22. Von den schwarzen Haaren waren nur noch weiße Strähnen übrig geblieben. Fünf Zentimeter kleiner als im Sommer 61 vor der Gedächtniskirche. Auf einem Tischchen brannte eine Kerze, daneben stand ein uralter Strauß Papierblumen, rot und gelb.

Grassow stellte sich vor.

»Darauf habe ich nun fünfunddreißig Jahre gewartet«, sprach die Frau. »Entschuldige, dass ich dich nicht gleich erkannt habe. Nach so langer Zeit vergisst man die Menschen. Ich hatte ja auch kein Bild von dir.«

Grassow nahm Platz, entfernte den Papierblumenstrauß von der Kerze, weil er fürchtete, es könnte ein Unglück geben.

Eine Kanne Kaffee stand bereit. Sie nahm zwei Tassen aus einem Schränkchen und schenkte ein.

»Du wolltest mir ein Bild schicken«, sagte sie, während die braune Brühe in die Tasse plätscherte.

Grassow legte den Brief zwischen sich und die Frau.

»Ich bin nicht der, für den Sie mich halten«, sagte er.

»Friedrich aus Braunschweig«, fuhr sie fort. »Du hattest in Westberlin zu tun, da haben wir uns kennen gelernt.«

»Nein, nein«, sagte er. »Ich arbeite bei einer Behörde, die die alten Stasiakten überprüft.«

»Ja, das ist nötig«, behauptete sie. »Die haben

viel angerichtet mit ihren Akten. Es muss alles überprüft werden.«

Die Papierblumen raschelten, die Kerze flackerte.

»Warum hast du nie geschrieben?«

»Ich bin nicht Ihr Friedrich«, sagte Grassow ärgerlich, nahm das Foto aus dem Brief und schob es ihr zu.

»Wer ist das?«, fragte sie.

»Es steht hinten drauf: Monika und Friedrich am Kurfürstendamm.«

Sie kramte die Brille hervor und studierte das Foto. »Vor so einer kaputten Kirche hab ich nie gestanden.«

Sie schaute Grassow an, dann das Bild.

»Hast dich ziemlich verändert«, meinte sie. »Sei mal ehrlich, du hattest eine andere. Bestimmt warst du verheiratet. Mich hast du nur zum Spaß genommen, weil du ein paar Wochen in Westberlin zu tun hattest.«

»Am dreizehnten August bauten sie die Mauer«, sagte Grassow.

»Ja, die Mauer, die muss für vieles herhalten. Wenigstens schreiben hättest du können, Schreiben ging auch nach der Mauer.«

Grassow tippte auf den Brief und forderte sie auf zu lesen.

»Dir ist vieles entgangen«, fuhr sie fort und schaute abwesend aus dem Fenster. »Ich hab nämlich ein Kind bekommen, den Markus, einen hübschen Jungen, ganz wie der Vater.«

»Das ist der Brief, den Ihr Friedrich im August einundsechzig an Sie geschrieben hat. Die Stasi beschlagnahmte ihn und legte ihn zu den Akten.«

»Das haben die gemacht?«

Sie schüttelte ungläubig den Kopf.

»Und ich hab immer auf Post gewartet. Dem Jungen sagte ich: Wart nur ab, dein Vater kommt bald. So eine Mauer kann nicht ewig stehen. Er wird dir Pakete zum Geburtstag schicken, die aus dem Westen können das. Sei froh, dass dein Vater im Westen lebt, der schickt dir schöne Sachen. Und eines Tages wird er vor der Tür stehen.«

»Haben Sie nie geheiratet?«, fragte Grassow.

»Nee, dazu war mir die Lust vergangen.«

»Und der Junge, wo ist der?«

»Ach, der ist, als er zwanzig war, mit dem Kopf gegen die Mauer gelaufen. Ich hatte ihm so viel von seinem Vater erzählt. Da wollte er unbedingt hin. Drei Wochen später brachten sie mir die Urne und sagten: Das kommt von der Republikflucht.«

»Wie hieß Friedrich mit Nachnamen?«

»Metzner oder Metzler. Er erzählte immer, dass er von seiner Wohnung in Braunschweig so einen Löwen sehen konnte, ich glaube ein Denkmal. Ach, ich wäre gern nach Braunschweig gefahren, um ihm den Jungen zu zeigen.«

»Sie müssen noch quittieren, dass Sie den Brief empfangen haben«, sagte Grassow. »Schließlich habe ich ihn aus einer amtlichen Akte entnommen.«

»Auf die Post ist kein Verlass. Fünfunddreißig Jahre brauchen die, um einen Brief zuzustellen.«

Sie bat Grassow, den Brief vorzulesen. »Wegen der Augen«, entschuldigte sie sich.

Grassow las betont langsam. Er beobachtete die Frau, das Zucken ihrer Mundwinkel und die halb geschlossenen Augen, die Versuche zu lächeln.

»So schöne Briefe konntest du schreiben?«, wunderte sie sich. »Stell dir vor, es wäre alles anders gekommen. Ich hätte dich in Braunschweig besucht, wir hätten drei Kinder gehabt, und keines wäre mit dem Kopf gegen die Mauer gelaufen. Was so ein bisschen Mauer anrichten kann.«

Grassow erhob sich, um zu gehen. Sie griff nach seiner Hand und fragte, ob er bald wiederkäme.

»Es war doch eine schöne Zeit mit uns«, schwärmte sie.

Was so ein bisschen Mauer anrichten kann, dachte Grassow, als er im Auto saß.

Nach Treptow ist er nicht mehr gefahren. Immerhin erkundigte er sich noch nach diesem Friedrich Metzner aus Braunschweig. Der war im November 1989 gestorben und hatte bis zuletzt in einer Wohnung gelebt, von der aus er das Denkmal Heinrichs des Löwen sehen konnte.

Die Kramers

»Wohnte hier nicht eine Familie Kramer?«, fragte der Besucher.

»Ach, das ist lange her. Wenn Sie die Kramers suchen, müssen Sie drüben zum Wäldchen gehen.«

»Zum Friedhof?«

»Die beiden sind vor fünfzehn Jahren gestorben, lange vor der Wende. Zwei Beerdigungen in einer Woche. Das war eine Aufregung. Im Dorf sagten sie, den Kramers habe es das Herz gebrochen.«

»Warum das Herz gebrochen?«

»Ach, da kam diese traurige Geschichte mit ihrem Alfons dazwischen. Sie hatten nur einen Sohn, der starb vor ihnen im gleichen Jahr. Da mochten sie nicht mehr leben.«

Der Besucher fragte, ob er den Hof betreten dürfe. Er wanderte hin und her, blickte über den Gartenzaun und fand schließlich die Stelle, an der er damals sein Auto geparkt hatte.

»Ich bin schon mal in Demmin gewesen«, sagte er. »Neunundsiebzig, als die Kramers noch hier wohnten.«

»Ein Jahr später zogen sie um zum Friedhof. Sie waren noch nicht alt, in den besten Jahren, wie man so sagt, aber es hat ihnen das Herz gebrochen.«

»Wie lange lebten die Kramers hier?«, fragte der Besucher.

»Die kamen gleich nach dem Krieg, ich glaub, aus der Tschechei oder der Gegend dort unten.«

»Mährisch-Ostrau«, erklärte der Besucher.

»Die Kramers waren eine große Familie. Die meisten gerieten nach dem Krieg in die Augsburger Gegend, nur unsere Kramers nicht. Die stiegen in den falschen Güterzug, auf einmal waren sie in Demmin. Aber die passten zu uns, sie waren gute Leute, auch vom Land, sie kannten sich aus in Wald und Flur. Der alte Kramer arbeitete im Forst, stieg immer höher, wäre wohl ein richtiger Förster geworden, wenn nicht eines Tages Westbesuch vor der Tür gestanden hätte. Als das Reisen wieder ging, kam einer aus Augsburg rüber, um zu sehen, was die Kramers in Demmin machten.«

»Das war ich.«

»Heißen Sie auch Kramer?«

Der Besucher nickte. »Ich gehöre zu der großen Familie aus Mährisch-Ostrau. Neunzehnhundertneunundsiebzig besuchte ich die Ostseewoche in Warnemünde und dachte, es ist ja nicht weit, da kannst du mal Onkel und Tante guten

Tag sagen. Sie wohnten in diesem Haus, ich hab hinten auf dem Hof geparkt, weil es nicht auffallen sollte. Westauto, Westnummer, na, Sie wissen schon. Wir haben zwei Stunden zusammengesessen, dann bin ich wieder zurück nach Warnemünde.«

»Haben Sie den Alfons getroffen?«

»Ja.«

»Der Junge war ihr Ein und Alles. Sie wollten ihn zur Forstschule geben, damit er ein richtiger Förster wird, aber Below von der Partei sagte: Für dich haben wir etwas Besseres, Alfons. Sie schickten ihn nach Rostock zur Ausbildung. Dort lebte er ein paar Jahre allein, nur sonntags kam er nach Demmin, um seine Eltern zu besuchen.«

»Wurde er nicht Zöllner?«, fragte der Besucher.

»Jawohl, sie schickten ihn in den Warnemünder Hafen. Da hatte er es mit Schiffen und Seeleuten aus Finnland, Schweden und den Bruderländern zu tun. Immer schmucke Uniform, alles vom Feinsten. Die Kramers waren mächtig stolz auf ihren Alfons. Ein guter Junge, kam immer in seinem Wartburg zu den Eltern nach Demmin. Die letzte Zeit brachte er ein Mädchen mit, die Anneliese. Sie wollten Hochzeit feiern auf einem Schiff in Warnemünde. Aber da wurde nichts draus.«

»Woran ist er gestorben?«

»So genau weiß das keiner, aber es hing wohl

mit dem Westbesuch zusammen. Einmal kam er sonntags nach Hause, da stand ein Westauto auf dem Hof. Na, bist du so weit gefahren, dann gehst du auch rein und sagst guten Tag, dachte der Alfons. Er hat dem Besucher die Hand gegeben und nach dem Wetter im Westen gefragt. Sie haben Kaffee getrunken, mehr war nicht.«

»Und eine Flasche Bier.«

»Danach hat der Alfons einen schweren Fehler gemacht. Er hätte zu seinem Vorgesetzten gehen und sagen müssen: Genosse, ich hab am Sonntag meine Eltern besucht und zufällig Besuch aus dem Westen getroffen. Das hat er nicht getan, weil er dachte, so wichtig ist das nicht, mit einem Menschen aus dem Westen ein Bier zu trinken. Aber es gibt immer welche, die hinter den Gardinen stehen und sich wundern, dass auf Kramers Hof ein Westauto steht und der Alfons gerade zu Besuch kommt.«

»Daran stirbt man nicht.«

»Es kam eines zum anderen. Weil der Alfons den Westkontakt nicht gemeldet hatte, versetzten sie ihn zu einer anderen Stelle. Raus aus der schmucken Uniform und ab zur Abteilung Schiffsreinigung, also dahin, wo sie den Dreck zusammenkehren. Das Mädchen lief ihm weg. Die Hochzeit war für August bestimmt, aber als der August anfing, war der Alfons tot. Er ist auf große Fahrt gegangen, von der Kaimauer geradeaus ins Wasser. Sie haben ihn bis heute nicht gefunden. Die alten Kramers wussten nicht, wie sie ihn begraben sollten, weil er nicht da war. Darüber ist ihnen das Herz gebrochen.«

Sie gingen zu dem Wäldchen am Ende der Straße.

»Wenn man bedenkt, was Kleinigkeiten anrichten können«, sagte der Besucher. »Einmal in den falschen Güterzug eingestiegen, und nun liegen sie hier.«

»Ja, denk bloß mal. So kommt eines zum anderen.«

Sternstunde des Rechts

An einem sonnigen Apriltag des Jahres 45 feierte die Dame Justitia ein bedeutendes Fest. Der Feind hatte sich der lieblichen Stadt Bad Mergentheim bemächtigt und machte Anstalten, in östlicher Richtung zur Stadt der Bewegung vorzustoßen und schließlich die Stadt der Kunst einzunehmen. Um ihm den Weg zu verlegen, verteilten sie in einem Dorf, dessen Name die Geschichte vergessen hat, Panzerfäuste an halbwüchsige Jungen. Sie schickten die Kinder in die Obstgärten am Eingang des Ortes, wo sie dem Feind auflauern und seine Panzer in Brand schießen sollten.

Bevor es dazu kam, erschien der alte Lehrer, der die Jungen gerade aus der 8. Klasse entlassen hatte.

»Lasst es gut sein«, sagte er, »ihr seid zu jung für dieses Handwerk.«

Er führte sie zum Weiher, wo sie die Panzerfäuste dem schlammigen Wasser übergaben. Danach spielten sie auf dem Dorfplatz Völkerball.

Wie so oft in jenen Zeiten gab es einige, die glaubten, das blutige Handwerk doch ausüben zu müssen. Sie meldeten den alten Lehrer an die oberen Stellen, die es immer noch gab und die weiter nichts als ihre Pflicht erfüllten. Als Erster erfuhr der Ortsgruppenleiter davon, der den Lehrer gut kannte und in freundlicheren Tagen gelegentlich ein Gläschen Wein mit ihm getrunken hatte. Auch er sagte: »Jungs, es hat keinen Zweck. Euer Lehrer ist ein braver Mann, der es nur gut mit euch meint.«

Nach dieser Auskunft blieb immer noch einer, der das blutige Handwerk ausüben wollte. Er wandte sich – die Telefone leisteten noch ihren Dienst – an weit höhere Stellen. Keine Stunde verging, da erschien ein Kommando in dunklen Uniformen, um Gerichtstag zu halten auf dem Dorfplatz unter der alten Linde. Die Herren brachten mit, was zur Wahrung des Rechts unerlässlich war: einen Ankläger, einen Verteidiger, einen vorsitzenden Richter, zwei Beisitzer und eine Protokollführerin, die sogleich eine Schreibmaschine auf ein Tischchen unter die Linde stellte; die beiden Angeklagten hatten sie schon.

In zwölf Minuten verschafften sie dem Recht Genüge und töteten beide, den alten Lehrer und den Ortsgruppenleiter, unter der schönen Linde, die schon grünen wollte in jenem zeitigen Frühling. Dem Lehrer wurde strafmildernd zugute gehalten, dass er bei Verdun fürs Vaterland gekämpft hatte und dort verwundet worden war.

Ihn erschossen sie nur, nachdem sie ihn an den Lindenbaum gefesselt hatten. Dem zweiten Angeklagten wurde strafverschärfend angerechnet, dass er zwölf Jahre lang die braune Uniform hatte tragen dürfen. Ihn hängten sie in die Zweige des Lindenbaums. Die Jungen, noch nicht strafmündig, verschonte das hohe Gericht, händigte ihnen neue Panzerfäuste aus und schickte sie in die Obstgärten. Sechs von ihnen fielen Stunden später im Kampf für Führer und Vaterland, ein feindlicher Panzer ging in Flammen auf, der Krieg wurde eine Dreiviertelstunde aufgehalten. Der, der bis zuletzt so hartnäckig auf der Ausübung des blutigen Handwerks bestanden hatte, überlebte, weil er beim Anblick der anrollenden Panzer in die Hose schiss und vor der Zeit den Kampfplatz verließ.

Auch das hohe Gericht überlebte diesen Frühling. Die Beisitzer gerieten in Gefangenschaft und kehrten nach sieben Monaten in ihre zivilen Berufe zurück, der eine als Bäcker, der andere als Schreiber einer Sparkasse. Der Verteidiger reiste in die Hildesheimer Börde, um Zuckerrüben anzubauen. Der Ankläger fand seinen Platz im höheren Dienst der Deutschen Reichsbahn, wo er sich bis zum wohlverdienten Ruhestand mit der Ausarbeitung von Fahrplänen für schwäbische und andere Eisenbahnen beschäftigte. Den Richter stuften sie als Mitläufer in Gruppe 5 ein. Nach kurzer kriegsbedingter Unterbrechung waltete er wieder seines Amtes, nun nicht mehr über Leben und Tod, sondern in Miet- und Familiensachen. Die Protokollführerin heiratete im September jenes denkwürdigen Jahres und gebar drei gesunde Kinder.

Die ehrwürdige Dame Justitia ging aus dem Verfahren völlig unbeschädigt hervor. Die alte Eule saß im Geäst des Lindenbaums – mit verbundenen Augen, versteht sich – und wachte darüber, dass Fristen und Formen beachtet wurden, die Angeklagten rechtliches Gehör erhielten, ein Verteidiger für sie eintrat, die Öffentlichkeit des Verfahrens gewahrt blieb. Nur die alte Linde wollte nach diesem Frühling nicht mehr grünen.

Der Sinowski-Fall

Nach Osten sind schon viele gefahren, ohne wiederzukehren. Bis eine neue Zeit begann. Der monumentale Kontrollpunkt löste sich auf, die Betonmauern verschlang ein anderer Fortschritt, und am Eingang grüßte ein buntes Schild aus einem Meer blühender Kamille: Willkommen in Mecklenburg-Vorpommern!

Hanna hatte sich Zeit gelassen. Drei Jahre, nachdem die Mauern zu bröckeln begonnen hatten, wagte sie sich zum ersten Mal in den Osten, nicht der Seenlandschaften und schöner Aussichten wegen, sondern gewissermaßen in dienstlicher Mission. Hanna wollte ein verloren gegangenes Stück Leben ihres Vaters wiederfinden.

Beim ersten Hinweis auf Schwerin verließ sie die Autobahn. Sie fuhr durch Dörfer, die immer noch aussahen wie vierzig Jahre DDR. Warum hältst du dich so »strikt« – übrigens auch ein Wort aus jenen vierzig Jahren – an die Geschwindigkeitsbeschränkungen? Fährst du immer noch durch »Feindesland«? Oder soll es nicht so aussehen, als dürften die aus dem Westen sich über alle Vorschriften hinwegsetzen und herumfahren, wie es ihnen gefällt?

In dieser Gegend ist er mit dem Fahrrad unterwegs gewesen. Einmal um den Lankower See, hinauf nach Bad Kleinen oder hinunter zum Störkanal. Das immerhin hatte er ihr erzählt, er sei viel per Fahrrad herumgereist.

Linker Hand Kasernen, die nicht mehr gebraucht wurden und auch so aussahen. Eine Straßenbahn kam ihr entgegen. Jemand hupte, weil sie den grünen Pfeil für Rechtsabbieger nicht beachtet hatte, eine der letzten großen »Errungenschaften« – auch das ein Wort der verflossenen vierzig Jahre.

Sie wusste nicht, wo er gewohnt hatte, hoffte aber, im Stadtarchiv Name und Adresse zu finden, denn das Registrieren und Aufbewahren hatte ihnen gelegen, da stimmte alles.

Sie kam am Großen Dreesch vorbei, der zu Vaters Zeit eine hügelige Waldlandschaft gewesen war, dahinter das Manövergelände für die Armeen des Jahrhunderts. Jetzt standen hier Reihe um Reihe Plattenbauten und ein Fernsehturm mit guter Aussicht über Seen und Wälder. Im Neubaugebiet Lankow gruben sie, als ihr Vater hier herumradelte, den ersten Spatenstich. Ob er in Lankow gewohnt hat? Warum hatte er nichts hinterlassen, das an jene Jahre erinnerte? Hing es mit seinem plötzlichen Aufbruch zusammen, damals vor vierzig Jahren? Auch später hielt er es nicht für nötig, Aufzeichnungen anzufertigen; die ganze Zeit war ihm in der Versenkung verschwunden. Nun, da er nicht mehr lebte, tauchte sie wieder auf.

Hinter den noch unbelaubten Bäumen grüßten die Türme des Schlosses. Hanna wählte sie als Wegweiser für die Fahrt ins Zentrum, kam zu dem großen Platz vor dem Schloss und fand eine halbe Stunde Zeit, das Neuschwanstein des Nordens zu umwandern. Auf dem See die ersten Segelboote, im Hintergrund bewaldete Inseln.

Vor dem Schloss fanden die Aufmärsche und Kundgebungen statt. Dort wurde der Erste Mai gefeiert, später der siebente Oktober. Ob er mitgefeiert hat, Transparente tragend und Lieder singend? Hanna konnte sich ihren Vater als Teilnehmer solcher Aufzüge schwer vorstellen. Damals war er so jung, wie seine Tochter jetzt ist. In der Jugend marschiert man gern, ohne zu wissen, wohin die Reise geht.

Das SED-Gebäude, diesen Palast gegenüber dem Schloss, kannte jeder. Aber wo residierte das Bezirksgericht Schwerin? Der Mann, den Hanna fragte, starrte sie an, als suche sie ein Gespenst.

»Das Bezirksgericht muss in der Wismarschen Straße im Arsenal gewesen sein«, behauptete eine ältere Frau.

Sie wanderte die Wismarsche Straße hinauf, schaute sich das Gebäude an, das so gar nichts von der Erhabenheit eines Justizpalastes an sich hatte. Hinter einem jener Fenster hat der Richter Walter

Görres gesessen und sozialistisches Recht gesprochen. Bis ihm eines Morgens einfiel, zum Bahnhof zu gehen und eine Fahrkarte nach Berlin zu lösen. Am späten Nachmittag traf er in der Hauptstadt der DDR ein, überschritt bei Einbruch der Dunkelheit die Sektorengrenze, erledigte die üblichen Formalitäten in Marienfelde, flog mit einer PanAm-Maschine in den Westen, nahm Nachhilfeunterricht in deutschem Recht, stieg auf bis zum Richter am Oberlandesgericht. Und wenn er nicht vor einem halben Jahr gestorben wäre …

Er flog übrigens nie wieder mit PanAm nach Berlin. Nach Spanien reiste er und nach England, aber nie wieder Richtung Osten.

»Befand sich in diesem Haus das Bezirksgericht Schwerin?«

Der Pförtner schüttelte den Kopf. Davon wisse er nichts. Nur so viel könne er sagen, dass sich heute die Justiz am Demmlerplatz aufhalte, ungefähr zweihundert Meter die Straße hinauf.

Das Gebäude am Demmlerplatz war der Justiz angemessen, ein Kunstwerk gewissermaßen. Ja, die Dame mit den verbundenen Augen wusste zu repräsentieren, überall errichtete sie ihre Tempel; in den großen Metropolen der Welt gehören die Justizpaläste zu den herausragenden Gebäuden. Dass dem Demmlerplatz der Gestank von drei Jahrzehnten Stasihauptquartier anhaftete, spürte Hanna nicht.

»Gibt es in diesem Haus jemand, der früher beim Bezirksgericht Schwerin gearbeitet hat?«, fragte Hanna.

»Ich bin der Letzte«, antwortete der alte Mann hinterm Schalterglas. An einen Richter Görres konnte er sich nicht erinnern. Immerhin wusste er, dass es eine Richterin am Bezirksgericht gegeben hatte, die 1990 altershalber und anderer Umstände wegen in den Ruhestand versetzt worden war. Sie hieß Strelitz, wohnte auf dem Großen Dreesch und stand im Telefonbuch.

»Über die alte Zeit möchte ich nicht mehr sprechen«, sagte die Stimme am Telefon.

»Mein Vater ist Richter am Bezirksgericht Schwerin gewesen. Über sein früheres Leben in der DDR hat er nie gesprochen, es ist für mich wie ein weißer Fleck. Nun ist er vor einem halben Jahr gestorben, und ich weiß nichts über ihn.«

»Sie kommen aus dem Westen, nicht wahr?«

»Ja, ich bin in Hamburg geboren.«

»Wie hieß Ihr Vater?«

Als Hanna den Namen Walter Görres nannte, entfernte sich die Stimme. Sie hörte Papiere rascheln, jemand schnäuzte sich. Nach langer Pause kam eine Antwort: »Ach, der liebe Walter! Er ging früh in den Westen und hat drüben große Karriere gemacht.«

»Ich möchte mich gern mit Ihnen unterhalten«, bat Hanna. »Darf ich Sie zu einem Kaffee einladen?«

Die Frau zögerte. »Sind Sie seine einzige Tochter?«

»Er hatte zwei Kinder, meinen Bruder und mich.«

»Lebt Ihre Mutter noch?«

»Die ist vor fünf Jahren gestorben.«

Wieder eine lange Pause.

»Wir könnten uns in einem Strandcafé in Zippendorf treffen«, schlug sie vor. »Morgen um halb vier.«

Eine zierliche Frau, kurzes Haar, schwarze Bluse, halblanger grauer Rock. Kein Ring an den Fingern, kein Tupfer Rouge auf den Lippen, um den Hals eine schlichte Kette aus angegrautem Silber. Sie saß an einem Tischchen neben dem Fenster, trank Tee und rauchte eine Zigarette, französisch ohne Filter.

»Ist es nicht schön bei uns?«, schwärmte sie und zwang Hanna, aus dem Fenster zu schauen zum leeren Strand und den fernen Inseln. »Im Sommer, wenn die Kinder vom Dreesch sich im Wasser tummeln, geht es hier drunter und drüber. Hat Ihnen schon jemand gesagt, dass Sie Ihrem Vater sehr ähnlich sehen?«

»Ich studiere auch Jura«, sagte Hanna.

»Unser Walter gehörte zu den Besten. Schon früh bekam er für hervorragende Leistungen Auszeichnungen verliehen. Wenn du so weitermachst, wirst du Justizminister der DDR, sagten wir damals.«

»Er hat aber nicht weitergemacht.«

»Nach drei Jahren verschwand er in den Westen.«

»Gab es dafür einen Anlass?«

Die Frau schaute nachdenklich zum Wasser, als suche sie untergegangene Anlässe.

»Ich denke, der Sinowski-Fall hat ihn aus der Bahn geworfen. Sinowski war ein Junge, dem sie neunzehnhundertfünfundvierzig die Mutter abgeholt hatten. Kaum war er erwachsen, setzte er sich in den Kopf, ihr Verschwinden aufzuklären. Jemand schickte ihn zum Lager Mühlberg an der Elbe, das unsere sowjetischen Freunde für verhaftete Faschisten eingerichtet hatten. Dort verlor sich ihre Spur in einem Massengrab.«

»Was hatte die Frau verbrochen?«

»Sie war BDM-Führerin in Schwerin-Schelfstadt gewesen.«

Ein Schwanenpaar wasserte am Ufer, die Tiere watschelten durch den kalten Sand und stießen heisere Schreie aus.

»Stellen Sie sich vor, dieser Sinowski fuhr nach Mühlberg, um seiner Mutter eine Gedenktafel in den jungen Eichenwald zu setzen, der über den Massengräbern gewachsen war.«

»Das war doch nichts Schlimmes«, bemerkte Hanna.

»Er machte nur den Fehler, sein Wissen über Mühlberg zu Papier zu bringen. Ein Freund, der in den Westen ging, nahm die Papiere mit – gegen den Willen des Sinowski, wie er später im Prozess behauptete – und schickte sie an den RIAS. Der machte daraus eine Hetzreportage über die Massengräber in den Speziallagern der DDR. Sinowski wurde verhaftet. Ein halbes Jahr später begann der Prozess, und Walter war der vorsitzende Richter.«

Die Frau wischte sich über die Augen. Sie trank Tee, zündete sich eine Zigarette an und hätte gern über die Schwäne und das sommerliche Treiben am Zippendorfer Strand gesprochen, aber Hanna kehrte zurück zum Sinowski-Prozess.

»Heute würde man sagen, es sei ein einfacher Fall gewesen«, behauptete Hanna.

»Er wurde erst kompliziert, als eine Hausdurchsuchung ergab, dass dieser Sinowski noch mehr geschrieben hatte. Nach Ausspähung des Speziallagers Mühlberg erforschte er auch die neun anderen Lager und legte darüber umfangreiche Dossiers an. Der Staatsanwalt hielt das für subversive Tätigkeit, er glaubte, ein Spionagenest ausgehoben zu haben, und beantragte fünfundzwanzig Jahre.«

»Und wie entschied mein Vater?«

»Er billigte das Verhalten dieses Sinowski keineswegs, hielt ihn aber für einen Spinner und durchaus nicht für einen Agenten des Klassenfeindes. Außerdem war der Einwand nicht aus der Welt zu schaffen, dass die Papiere gegen den Willen des Sinowski in den Westen gelangt waren. Er sprach den jungen Mann aus Mangel an Beweisen frei. Damit nahm das Verhängnis seinen Lauf. Das Ministerium erteilte ihm eine Rüge, das kränkte ihn schwer, er fühlte sich in seiner richterlichen Ehre verletzt.«

»Eine Rüge ist doch kein Anlass, in den Westen zu fliehen«, meinte Hanna.

»Wir haben im Kollegenkreis oft über den Sinowski-Fall gesprochen, hier in Zippendorf saßen wir am Strand und diskutierten. Als sich herausstellte, dass es Spitzel gab, die unsere Gespräche meldeten, fühlte Walter sich überwacht, er sah keinen anderen Ausweg.«

Die Strelitz entnahm ihrer Handtasche ein Tuch, schnäuzte sich, wischte die Augen aus und verlor sich am gegenüberliegenden Ufer.

»Den Rest gab ihm der endgültige Ausgang des Sinowski-Prozesses«, flüsterte sie. »Der Staatsanwalt ging in die Berufung, die Sache kam zum obersten Gericht in Berlin, und raten Sie mal, wie das Urteil lautete.«

Hanna starrte die Frau an.

»Der junge Mann wurde zum Tode verurteilt.«

»Warum diese Härte?«, fragte Hanna.

»Walter hat es mir später erzählt. Dieser Sinowski trat vor das oberste Gericht und erklärte, er habe nicht die Absicht, die Aufzeichnungen über Mühlberg und die anderen Speziallager zu veröffentlichen. Er habe sich nur verpflichtet gefühlt, das Schicksal seiner Mutter aufzuklären und ihr ein Denkmal zu setzen. Erst in ferner Zukunft, wenn die DDR den Geist aufgegeben habe – das soll er wörtlich gesagt haben –, werde er die Papiere der Öffentlichkeit übergeben.«

»Ist das Urteil vollstreckt worden?«

»Ich fürchte, ja. Walter warf sich vor, Schuld an dem Tod des jungen Mannes zu haben. Wäre er auf die fünfundzwanzig Jahre des Staatsanwalts eingegangen, hätte er sein Leben retten können.«

»War mein Vater ein überzeugter Kommunist?«, fragte Hanna.

»Bis zum Sinowski-Fall ja, danach hat er den Glauben verloren.«

»Wussten Sie, dass er in den Westen gehen wollte?«

»Um Gottes willen! Über so etwas durfte man mit den besten Freunden nicht sprechen!«

»Damals war es ja noch einfach«, erklärte Hanna. »Es gab keine Mauer, er war jung und ledig, er hatte auf niemand Rücksicht zu nehmen.«

»Wie kommen Sie darauf, dass er ledig gewesen ist?«, fragte die Strelitz.

»Über eine Frau in Schwerin hat er nie gesprochen.«

»Es gab eine Frau Görres«, sagte die Strelitz bestimmt. »Nach seiner Flucht ließ sie sich scheiden, sie musste es tun, weil sie sonst selbst in Verdacht geraten wäre.«

»Hatten die beiden Kinder?«

Die Frau schüttelte den Kopf. Keine Kinder, das konnte sie mit Bestimmtheit sagen.

Die Strelitz wandte sich wieder dem Strandleben zu, den Wasservögeln und Segelbooten, die vor Kaninchenwerder kreuzten.

»Gibt es die Frau noch?«

Die Strelitz antwortete nicht.

»Warum ist sie nicht mit ihm in den Westen gegangen?«

Die Strelitz drückte die Zigarette aus. »Sie war auch Richterin am Bezirksgericht, zuständig für Familiensachen. Sie liebte ihren Beruf und fand darin ihre Erfüllung, in Familiensachen gab es ja keine Todesurteile.«

Hanna bot ihr an, sie zum Dreesch zu fahren, aber sie wehrte ab. Es sei ihr täglicher Spaziergang hinunter zum See und wieder zurück, sie freue sich auf den Heimweg.

»Darf ich Sie anrufen, wenn mir noch Fragen einfallen?«

»Lieber nicht«, sagte sie und ging.

Begraben im Schnee

Sie hatten Mühe, die zwei Kilometer zur Kirche zu wandern, wo er aufgebahrt lag und darauf wartete, unter den Schnee zu kommen. Georg Behrend, du hast dir eine schlechte Jahreszeit ausgesucht, um zu sterben! Auf die hart gefrorene Erde war kniehoch der Schnee gefallen, im Radio sprachen sie von schneeverwehten Straßen.

Niemand verlor ein Wort darüber, aber alle, die durch den Schnee stapften, dachten an den Jungen. Ob er zur Beerdigung seines Vaters kommen wird?

»Wenn die Autos nicht in den Schneewehen stecken bleiben, wird er kommen«, sagte einer.

Georg Behrend hatte sich eine christliche Beerdigung gewünscht. Nein, ein frommer Mann war er nicht gewesen, es gehörte sich nur so. Beim Tod seiner Eltern sprachen sie am Grab Gottes Segen, vom Turm läutete die Sterbeglocke. So wollte er auch begraben werden.

Sie erreichten das Gotteshaus zur festgesetzten Stunde, verweilten vor der Tür und warteten auf den Jungen.

»Hoffentlich kommt er«, flüsterte die Mutter.

Der Kirchendiener ließ die Glocke schlagen.

»Der Pfarrer wartet schon«, drängte er sie.

In diesem Augenblick kam ein Auto mit aufgeblendeten Scheinwerfern die Straße herab. Es mühte sich durch den Schnee, hielt vor der Kirche, die Scheinwerfer erloschen. Ein Mann stieg aus, hob winkend die Hand. Die Mutter ging ihm entgegen, umarmte ihn und fragte vorwurfsvoll, warum er keinen Mantel trage.

»Du wirst dir den Tod holen«, sagte sie leise.

»Ach, in meinem Auto ist es warm genug!«, rief der Junge.

Im dunkelgrauen Anzug, ohne Mütze auf dem Kopf, stand er in der zugigen Schneeluft.

»Die Kirche hättet ihr mir ersparen können«, sagte er.

»Dein Vater wollte es so, und der letzte Wille eines Menschen ist heilig«, antwortete die Mutter.

Sie griff seinen Arm und wollte ihn ins Innere des Gotteshauses ziehen, aber er löste sich behutsam und blieb auf der Schwelle.

»Das ist eure Sache«, sagte er. »Ich werde warten.«

Ein großes Gefolge hatte Georg Behrend nicht. Seine Witwe und zwei Töchter mit Kindern waren gekommen, auch einige Leute aus der Nachbarschaft. Sein einziger Sohn wartete vor der Kirchentür, stapfte unruhig mit den Füßen, um sie zu wärmen, rauchte eine Zigarette nach der anderen, stippte die Asche in den Schneematsch, warf die Kippe über die Friedhofsmauer.

Im Haus sangen sie »Jesus, meine Zuversicht«.

Fünf Grad minus über Schnee hatte der Wetterbericht für diesen Morgen angesagt. Am Nachmittag war weiterer Schneefall zu erwarten.

Der Kirchendiener erschien, um ihm zu sagen, dass die Kirche beheizt sei. Als er das Zeichen am Rockaufschlag entdeckte, schwieg er und ging dahin, wo es warm war.

Die Orgel setzte ein, der Junge hörte es durch die dicken Ziegelwände. Natürlich könnte er hineingehen, um seine Füße zu wärmen, aber unter den Trauergästen befand sich bestimmt einer, der es melden müsste, vermutlich der Pfarrer. Nein, es war ihm nicht verboten, aber die Partei sah es nicht gern, wenn einer ihrer Kader sich zu sehr mit der alten Kirche einließ.

Der Brigadier der örtlichen LPG kam durch den Schnee gestapft. Er hatte sich mit Absicht verspätet, weil er auch zu denen gehörte, die das Parteiabzeichen am Revers trugen und Gotteshäuser meiden sollten. Sie rauchten, sprachen über die Frühjahrsaussaat, die zu beginnen hatte nach der Schneeschmelze. Vom Kirchendach löste sich ein Schneebrett, fiel ihnen vor die Füße.

Der Brigadier fand, es sei an der Zeit, die Kirche zu schließen. Als Lagerraum für Düngemittel könnte er das Gebäude gut gebrauchen, auch Kartoffeln ließen sich darin unterbringen.

»Die paar Christen am Ort sind nicht mehr der Rede wert«, behauptete er. »Dein Vater war einer der letzten.«

Es dauerte seine Zeit. Sie hörten Orgelspiel und Gesang. Der Junge schlug die Arme um den Leib, er trappelte mit den Füßen wie ein Soldat, wenn er in der Kälte auf Posten steht.

Als Erster erschien der Pfarrer. Verwundert blickte er zu den beiden an der Friedhofsmauer, die sich abwandten und teilnahmslos über das weiße Feld schauten. Sechs alte Männer trugen den Sarg in die Kälte. Als sie vorbeikamen, nahm der Junge die Zigarette aus dem Mund und warf sie über die Mauer. Die Mutter griff seine Hand und zog ihn mit. Sie weinte. Der Brigadier marschierte am Ende des Trauerzuges, an die Frühjahrsaussaat und den Lagerraum für Düngemittel denkend.

Am offenen Grab hörte der Junge die Worte des Pfarrers, die er nicht verstand. Die Mutter klammerte sich fest an ihn. Hart gefrorene Erde polterte aufs Holz. Es war immer noch viel zu kalt.

Der Brigadier drängte sich vor, um etwas von treuer Pflichterfüllung für die LPG zu sagen, dann ging er.

Sie nahmen den Jungen mit in den Krug, wo sie Kaffee trinken und ein Stück Kuchen essen wollten. Die Mutter ließ ihn nicht von ihrer Seite, sie sagte jedem, wie glücklich sie sei, dass ihr Junge trotz des hohen Amtes und der vielen Arbeit den Weg gefunden habe, seinem Vater die letzte Ehre zu erweisen.

Der zugige Morgen, der kalte Schneematsch in den Schuhen, die klammen Hände hatten ihm arg zugesetzt. Zwei Tage nach der Beerdigung legte sich der Junge mit Fieber ins Bett.

»Das kommt vom Herumstehen in der eisigen Luft«, klagte die Mutter, als die Sekretärin der Bezirksverwaltung anrief, um auszurichten, dass ihr Sohn ins Krankenhaus eingewiesen werden musste. Dort bekam er eine Lungenentzündung, das Fieber stieg und stieg. Dreiunddreißig Tage nach der Beerdigung des Vaters starb auch der Sohn.

Die Mutter bestand darauf, ihn in dem Dorf zu begraben, in dem sie ihn geboren und wo er gelebt hatte, bis die Partei ihn in die Stadt rief, damit etwas Größeres aus dem Jungen werden sollte. Auch sollte er mit Gottes Segen begraben werden. Zum Begräbnis kamen die Herren mit schwarzen Automobilen aus der Stadt. Sie warteten, während die Glocke läutete, vor dem Gotteshaus und rauchten Zigarette um Zigarette. Keiner von ihnen ist krank geworden, denn es war ein sonniger Frühlingstag, als sie den Jungen begruben.

Von der Menschlichkeit in Zeiten des Krieges

Am Wolchow

Wie lange schon waren keine Fremden nach Jelnikowo gekommen? Ach, bestimmt ein halbes Menschenleben. Nun aber erschien ein sonderbarer Kerl, der schon den zweiten Tag durchs Birkenwäldchen rannte, an Wasserlöchern verharrte, im Sumpfgras kniete, hier grub und dort, Äste beiseite räumte, Steine aufhob und wieder fallen ließ. Keiner im Dorf hatte je einen so wunderlichen Menschen gesehen.

Vorgestern, am späten Abend, war er eingetroffen. Niemand wusste, ob von Gorka her oder Ogorelli. Die alte Gruscha, die im letzten Haus wohnte, hatte ein Militärauto gesehen, das den Hügel hinauffuhr. Zwei Männer seien ausgestiegen, erzählte sie später, hätten die Gegend angeschaut, Stöcke ins Erdreich getrieben, den Weg zum Waldrand abgeschritten und mit ausgestreckten Armen den Sumpf vermessen. Weil sich keine Autospuren auf dem schlammigen Weg fanden, glaubten sie der Gruscha nicht; die sah schon Gespenster, wenn sie überhaupt etwas sah.

Am nächsten Morgen entdeckten sie ein schwarzes Zelt auf dem Hügel. Der Fremde saß davor, studierte im ersten Sonnenlicht gewisse Papiere. Es sah so aus, als sei er einer von denen, die das Land vermessen. Eine Straße will er bauen oder eine Eisenbahn. Manchmal kommen auch Ölsucher oder Fallensteller und im Spätsommer die Entenjäger. Vielleicht suchte er etwas, das er verloren hatte in einem früheren Leben. Vor mehr als fünfzig Jahren waren viele in die Sumpfwälder zwischen Ilmensee und Ladogasee gekommen, und die meisten verloren etwas. Die Gruscha weiß davon, die müsste man fragen.

Um die Wahrheit zu sagen: Eine solche Landschaft ist nur im Winter zu ertragen, wenn der Sumpf erstarrt ist und die Mückenschwärme Ruhe geben. Aber der Fremde war im Frühling gekommen. Der Frost war gewichen, hatte sich in den Sumpf zurückgezogen, Schmelzwasser überschwemmte die schwarze Erde, hier und da schimmerten die gelben Knospen des Sumpfdotters, auch blühte Huflattich. Als der Fremde in Jelnikowo auftauchte, begann gerade der Frühling.

Warum befragte er nicht die Leute, die sich auskannten? Warum spazierte er allein zwischen den Birkenstämmen, saß am Rande des Sumpfes, als gäbe es viel zu bedenken? Einmal sah Gruscha, wie er sich der Kirche näherte, vorsichtig, fast ängstlich umschlich er sie, versuchte gar nicht erst, die Tür zu öffnen, warf nur einen flüchtigen Blick durch ein Fenster, verweilte aber länger auf dem Friedhof. Ja, die Kirche könnte dir auch etwas erzählen, dachte die Gruscha. Noch mehr der Friedhof. Dort saß er auf der Bank vor den Soldatengräbern. Als die Kinder kamen, um ihn anzugaffen, ging er rasch davon.

Am zweiten Tag fasste sich die Gruscha ein Herz und schleppte sich zum Hügel hinauf. Zehn Schritte vor dem Zelt blieb sie stehen, klopfte mit der Krücke gegen einen Baum, wie ein Besucher an die Tür pocht. Als sein Gesicht hinter der Zeltplane erschien, grüßte die Gruscha mit der Krücke.

»Es ist gar zu heiß in Jelnikowo!«, rief sie ihm zu und stellte eine Kanne mit kaltem Tee auf den Boden. Dazu legte sie schwarzes Brot.

Der Fremde lachte.

Er sah nicht jung aus, schien aber rüstig genug zu sein, um in den Sümpfen seine Zeit zu verbringen. Vielleicht ist er ein General, der nicht mehr gebraucht wird, dachte sie. Sie haben ihm aufgetragen, eine Schlacht zu erforschen, die in diesen Sümpfen geschlagen worden ist. Es steht doch in den Büchern, dass die Franzosen durchgezogen sind in dem Winter, als Moskau brannte. Später kamen die Deutschen, auch das lag schon ein Menschenleben zurück. Außer den Franzosen und den Deutschen hat niemand diese Gegend für wichtig genug gehalten, hier eine Schlacht zu veranstalten.

Der Fremde kam näher, reichte ihr die Hand und verbeugte sich.

»Wenn du etwas verloren hast in Jelnikowo, ich könnte dir suchen helfen«, sagte die Gruscha. »Ich bin die Älteste im Dorf, ich habe hier schon gelebt, als der Zar regierte.«

Der Fremde lachte sie an. Gewiss war er ein feiner Herr, der sich auskannte in vielen Dingen, nur ihre Sprache verstand er nicht.

»Bist du ein Niemez?«, fragte die Gruscha.

Er nickte.

So sonderbar können nur diese Deutschen sein, dachte sie. Sie laufen durch den Sumpf, um dieses oder jenes zu suchen. Ach, sie kannte die Deutschen. Die hatten Jelnikowo besucht, als Gruscha ein junges Mädchen gewesen war. Die hohen Herren aus St. Petersburg oder Moskau dachten ja nicht daran, die Sümpfe zu besuchen, aber die Deutschen, die kamen.

»Wenn du etwas brauchst, kannst du ins Dorf kommen«, sagte sie zu dem Fremden. »Die alte Gruscha weiß viel und kann es dir erzählen.«

Er verstand nicht, was sie sagte, und die Gruscha spürte es. Er bedankte sich für den Tee, nahm das Brot und biss in ihrem Beisein ein Stück ab. Die Gruscha war es zufrieden.

»Es waren übrigens die Deutschen, die unsere Kirche in Brand geschossen haben!«, rief sie im Weggehen. »Es hat uns einige Mühe gekostet, sie wieder herzurichten. Sie mussten das Holz aus Nowgorod kommen lassen, den Strom herauf flößten sie es im Sommer, im Herbst bauten sie die Kirche, aber weil ein früher Winter kam, war sie noch ohne Dach, als wir Weihnachten feiern wollten.«

Er ist wohl ein Landvermesser, dachte die Gruscha auf dem Heimweg. Sie wollen eine feste Straße bauen, damit Jelnikowo in der nassen Jahreszeit nicht von aller Welt verlassen bleibt. Oder eine Eisenbahn. Die Deutschen können das. Sie bauten die Rollbahn nach Nowgorod in jenem strengen Winter, als der Kirche das Dach fehlte.

Die Gruscha pflanzte Kartoffeln in die moorige Erde. Es war noch gar zu früh, aber sie dachte, der Nachtfrost, wenn er denn käme, könnte den Kartoffeln in der Erde nicht schaden. Es dauert zehn Tage, bis das erste Kartoffelkraut aufgeht, dann wäre die Zeit der Nachtfröste vorüber. Sie hob mit dem Spaten ein Loch aus, warf eine kleine Knolle hinein, scharrte lockeren Boden darüber und trat mit dem Stiefel drauf. Wenn ihr der Rücken schmerzte, richtete sie sich auf, ging an den Staketenzaun und schaute zum Hügel, wo der Fremde seine sonderbaren Geschäfte betrieb. Nachdem er genug in den Zeichnungen studiert hatte, maß er Strecken ab – jeder Schritt ein Meter –, markierte gewisse Punkte mit Holzpflöcken, verglich die ausgemessenen Strecken mit seinen Papieren. Zuweilen verharrte er auf dem Hügel, stand wie ein Baumstumpf, hielt die rechte Hand über die Augen und blickte zum Sumpf wie ein General, der eine Schlacht lenken will, aber keine Soldaten hat. Ja, es wird ein General sein, den es zu den Stätten seiner Schlachten gezogen hat, dachte die Gruscha.

Schwarz war die Erde und warm. Die Gruscha legte die Kartoffeln so, dass die Keime nach oben zeigten. Es wird eine gute Ernte geben, dachte sie. Schon im Juli wird sie frühe Kartoffeln essen können, wenn nicht die Nachtfröste kommen.

Mit ausmessenden Schritten näherte der Fremde sich der Dorfstraße, schrieb in ein Notizbuch, hielt an einer bestimmten Stelle, rammte einen Pflock in die Erde.

»Ja, dort stand das Haus des Schneiders Pelkow!«, rief die Gruscha über den Staketenzaun. Sie wunderte sich, wie der Fremde wissen konnte, wo der Schneider Pelkow gewohnt hatte. Vor einem Menschenleben hatte sein Haus Feuer gefangen, auch an einem warmen Maitag. Der Nordostwind trieb den Rauch ins Dorf, Jelnikowo war in weißen Qualm gehüllt, tagelang stank es nach dem abgebrannten Schneider.

»Der Pelkow hat es überlebt, nur sein Haus musste dran glauben!«, rief die Gruscha.

Der Fremde winkte.

Um sein Zelt versammelten sich Kinder, tuschelten miteinander, beobachteten, gehörigen Abstand haltend, das Treiben des Mannes, bis er zu ihnen trat, jedem ein Stück Silberpapier in die Hand drückte und sie fortschickte.

Er ist gut zu den Kindern, dachte die Gruscha.

Am Abend saß er vor seinem Zelt, sah der Sonne zu, die über dem Sumpf untergehen wollte. Um die Mücken zu vertreiben, hatte er ein Feuer angezündet, dessen Rauch die Dorfstraße entlangzog, gerade so wie damals, als der Schneider Pelkow abbrannte.

Im Mai lässt die Dunkelheit lange auf sich warten, einige Nächte wollen gar nicht beginnen. Am östlichen Himmel leuchteten blass die ersten Sterne, im Sumpf lärmten die Enten. Kraniche zogen über Jelnikowo hinweg nach Karelien. Der Fremde saß vor seinem Zelt, das Abendrot im Rücken, und schrieb in sein Notizbuch:

> »Um diese elenden Sümpfe haben sie sich umgebracht. Warum? Ich sitze am Ende der Welt. Überall Stille und Frieden. Aber Tausende sind hier gestorben. Heißt es nicht, dass der Sumpf die Toten bewahrt? Noch in hundert Jahren werden sie Moorleichen ausgraben, und die Ausgegrabenen werden fragen: Warum?«

Er löschte das Feuer, kroch in sein Zelt, spannte das Mückennetz fester und wollte schlafen, aber es bewegte ihn sehr. Die Toten im Sumpf, das Rufen der Kraniche auf ihrer Reise nach Karelien und das ständige Warum.

Er wartete auf den dritten Tag. Kaum zeigte sich das Licht, war er auf den Beinen. Als die Gruscha die Ziege anpflockte, sah sie den Fremden mit einem Spaten, wie ihn die Soldaten haben, am Waldrand in der Erde wühlen. Was mochte er suchen? Jelnikowo besaß keine Schätze, die darauf warteten, gehoben zu werden. Gehörte er zu jenen, die die Gräber heimsuchen? Die Gruscha hatte davon gehört, dass die Gottlosen sich neuerdings an Gräbern vergreifen. Sie suchen Ringe und goldene Zähne, militärische Orden und Erkennungszeichen. Und sie finden schlechte Menschen genug, die ihnen das Zeug für harte Valuta abkaufen.

Eigentlich hatte sie ihm ein Glas Milch und etwas Brot bringen wollen, aber nun zögerte sie, weil sie denken musste, er sei ein Grabräuber. Vielleicht sollte sie es dem Starosten melden oder die Miliz rufen, denn der Gruscha war es gegen die Ordnung, nach Toten zu graben.

Mittags saß er wieder auf der Friedhofsbank und sprach mit den Kreuzen, als wären sie gute Bekannte. Die Gruscha ging zu ihm.

»Hier liegen die unsrigen«, sagte sie und zeigte

auf die Soldatengräber. »Wenn du ein Deutscher bist und die deinigen suchst, werde ich sie dir zeigen. Sie liegen am Birkenwald.«

Er zeigte ihr ein Stück Papier, eine Skizze mit Straßen, Bahnlinien, Ortsnamen und Flüssen:

> Lageplan der 291. Infanteriedivision von den Kämpfen um den Wolchowkessel.

Die Schrift konnte die Gruscha nicht lesen, aber sie erkannte den Fluss, der von Norden kommend in den Ilmensee strömte. Auch die liebliche Tigoda war ihr vertraut; an deren Ufer hatte ihre Babuschka gelebt, als Gruscha ein kleines Kind gewesen war.

Der Fremde malte Kreuze auf das Papier. Also suchte er Gräber. Davon gab es genug in Jelnikowo, in Gorka noch mehr und gar unzählige weiter oben bei Glubatschka. Die Gruscha erging sich eine Weile darüber, dass die Toten es verdient hätten, in Ruhe gelassen zu werden, und dass es gegen Gottes Ordnung sei, ihre Gräber aufzubrechen. Sie wisse, wo sie ruhten. Sie sei die Einzige aus dem Dorf, die es damals erlebt habe, aber sie werde die Toten nicht preisgeben. Nur so viel könne sie sagen, dass die Fremden ihre Toten am Birkenwald begruben. Sie hatten einen ganzen Tag damit zu tun, ihnen Holzkreuze zu setzen. Daran hängten sie die durchschossenen

Stahlhelme und zogen weiter. Niemand hat sich um die Gräber gekümmert in all den Jahren. Mit den Stahlhelmen spielten die Kinder. Ein Schneesturm wehte die Birkenkreuze um.

Er zeigte ihr ein Dokument, ausgestellt in russischer Sprache und unterschrieben von dem General eines Veteranenvereins in St. Petersburg. Die Gruscha las es und gab ihm das Papier mit zitternden Händen zurück.

»Mein Gott, er sucht seinen Vater!«, stammelte sie. »Nach fünfundfünfzig Jahren kommst du deinen Vater besuchen. In diesem Sumpf. Ihr Deutschen seid wirklich sonderbare Menschen. Wenn jeder, der im Vaterländischen Krieg einen Vater verloren hat, ihn suchen wollte, ich sage dir, sie müssten das große Russland umwühlen und dürften nicht am Uralgebirge Halt machen, weil es viele Väter auch nach Sibirien verschlagen hat.«

Sie griff nach seiner Hand, er spürte die Rillen und Schründe in der Handfläche.

»Sei ehrlich, du hast ihn nie gesehen!«, rief die Gruscha. »Als du geboren wurdest, war er schon tot. So erging es damals vielen Kindern. Die Väter zeugten sie, marschierten in den Krieg und kamen nicht wieder.«

Die Gruscha ging voraus, er folgte ihr, den Spaten geschultert wie ein Gewehr. Vor den Birken blieb sie stehen, murmelte Unverständliches, wanderte im Kreis, orientierte sich an einem Baum, der aussah, als wäre er so alt wie die Geschichte, nach der sie suchten.

»Hier muss es gewesen sein.« Sie forderte ihn auf, den Spaten ins Erdreich zu treiben.

Er tat es, förderte aber nur Moorerde und Wurzelwerk zu Tage.

Bestimmt möchte er allein sein, wenn er den Vater sucht, dachte die Gruscha. Denn es ist keine Kleinigkeit, nach fünfundfünfzig Jahren den eigenen Vater auszugraben. Sie redete noch ein bisschen vor sich hin, sagte, er solle an den Gartenzaun kommen, wenn er den Vater gefunden habe. Dann ging sie.

Er entfernte Büsche und Wurzelwerk, legte eine Fläche von drei mal drei Metern frei, drang aber nicht in die Tiefe, denn er war nicht gekommen, um Tote auszugraben. Es genügte ihm zu wissen, wo sie lagen. Er arbeitete schwer, Stunde um Stunde. Kinder kamen, um ihm zuzuschauen. Der Schweiß tropfte von der Nase. Unter den Stiefeln gluckerte das moorige Wasser. Im Sumpf sangen Vögel. Enten wasserten in der Nähe. Ein Reiher stieß in die Tiefe, als hätte er etwas gefunden. Wollgras und Sumpfdotter blühten, so weit das Auge reichte.

So wird es auch im Mai 42 ausgesehen haben, als sie seinen Vater in Jelnikowo begruben.

Als die Hitze unerträglich wurde, begab er sich in sein Zelt. Am Eingang fand er zwei gekochte

Eier, die die Gruscha ihm gebracht hatte, weil sie in Angst war, er könnte bei der schweren Arbeit das Essen vergessen. In sein Notizbuch schrieb er:

»Heute eine alte Frau getroffen, die dabei gewesen ist, als Vater begraben wurde.«

Dann pellte er die Eier ab.

Er schrieb von der Erikaschneise, jenem Versorgungsschlauch, der die eingeschlossene Stoßarmee Wlassow einen Winter lang am Leben gehalten hatte. Und dass der Wolchowkessel im Mai 42 bereinigt wurde, eine Reinigungsaktion, die einigen tausend Soldaten das Leben kostete, auch seinem Vater. Er schrieb auch, dass sie diesen Wlassow erst im Juli gefangen nahmen und es besser für ihn gewesen wäre, er hätte sich wie sein Vater in den Sümpfen begraben lassen. Am Abend, als er einschlafen wollte, war es ihm, als höre er Gewehrfeuer und die Einschläge der Granatwerfer. Auch brannte in seinen Träumen das Haus des Schneiders Pelkow bis auf die Grundmauern nieder.

Am Nachmittag des folgenden Tages verirrte sich ein Auto nach Jelnikowo. Es kam den Weg von Gorka herauf und hielt neben der Kirche. Ein alter Mann stieg aus, wahrhaftig ein General aus dem Vaterländischen Krieg. An seiner Uniformjacke hingen Orden und Ehrenzeichen. Er nahm die Mütze ab, schwenkte sie, rief dem Fremden, der am Waldrand arbeitete, etwas zu. Ein Holzkreuz, auf den hinteren Sitzen des Wagens verstaut, schulterte er wie ein Gewehr, um es zum Waldrand zu tragen. Die Gruscha sah, wie die beiden sich umarmten, bevor sie das Kreuz in die schwarze Erde rammten. Sie nahmen die Mützen ab, senkten die Köpfe und standen schweigend. Da sie keine Waffen besaßen, konnten sie nicht über das Grab schießen.

Gemächlich schlenderten sie ins Dorf, machten einen Abstecher zu der Bank auf dem Friedhof. Auch dort standen sie, senkten die Köpfe und schwiegen. Sie bauten das Zelt ab, trugen es zum Auto. Mit einem Fotoapparat gingen sie noch einmal zum Waldrand. Der Fremde stellte sich neben das Kreuz, hinter ihm der endlose Sumpf.

Nachdem getan war, was getan werden musste, kamen sie zu Gruscha an den Gartenzaun.

»Hast du deinen Vater gefunden?«, fragte sie.

»Ja, er hat ihn gefunden«, antwortete der General. »Nicht die Knochen, aber seine Seele.«

»Es waren zehn«, zeigte die Gruscha mit den Fingern ihrer Hände. »Zehn Soldaten und ein Offizier. Die unsrigen verloren achtzehn. Wenn man bedenkt, so viel Blut für diesen elenden Sumpf.«

Sie erzählte von jenem Tag im Mai, als die Deutschen kamen. Von Süden her. »Sie waren schon im Dorf, als die unsrigen zu schießen begannen. Sie saßen in einem Bunker am Dorfrand, unweit des Hauses des Schneiders Pelkow. Plötzlich brannte es bei dem Schneider. Eine Rauchwolke verdunkelte den Himmel, was die Soldaten nicht weiter störte. Sie schossen in den Rauch hinein, bis eine gewaltige Explosion den Bunker zerstörte. Danach war es still, nur die Flammen prasselten. In der Kirche fanden wir Zuflucht. Die Deutschen schauten zur Tür herein. Als sie nur Frauen und Kinder sahen, gingen sie ihrer Wege. Später befahlen sie, die unsrigen zu begraben, die verstreut neben dem Bunker lagen und sehr traurig aussahen. Wir trugen sie zum Friedhof und gruben, aber es dauerte seine Zeit, denn es war ein Tag, so heiß wie heute. Aus dem Sumpf kamen die Mücken. Sie stachen in die Leiber, um den Toten das letzte Blut zu nehmen. Ihre Gesichter waren schwarz von der Moorerde und den Mücken. Die eigenen Toten begruben die Deutschen am Waldrand. Wegen der Mücken trugen sie grüne Schleier. Sie glichen den Imkern, wenn sie den Bienen den Honig nehmen. Sie sangen Lieder, schossen über die Erdhügel und setzten elf Birkenkreuze, die später der Schneesturm umwehte.«

Der Fremde gab der Gruscha eine Münze, die aussah, als wäre sie aus purem Gold. Er zeigte ihr ein Bild, auf dem ein Mann in Uniform ein kleines Kind auf dem Arm trägt.

Die Gruscha versprach, nach den Gräbern zu sehen. Sie werde ihnen Blumen bringen und darauf achten, dass kein Schneesturm das Kreuz umwehe.

»Im Sumpf leben die Toten länger«, sagte der Fremde.

Die beiden Männer gingen den Hügel hinauf, als wären sie Brüder. Oben angekommen, schauten sie sich um und winkten der Gruscha zu, bevor sie ins Auto stiegen und davonbrausten, Richtung Gorka.

Als es still war in Jelnikowo, so still wie in den letzten fünfundfünfzig Jahren, lief die Gruscha zum Birkenwald, um das Holzkreuz anzuschauen. Geschrieben stand:

> Hauptmann Werner Brodersen, geboren 6. 5. 1910, gefallen 29. 5. 1942 am Wolchow.

Aber davon verstand die Gruscha kein Wort.

Letzter Friedenstag im Paradies

Gerade will die Sonne aufgehen. Sie hat es sich angewöhnt, im Nordosten zu erscheinen, und schickt, den neuen Tag zu verkünden, ihre rot gekleideten Herolde. Schwärme von Zugvögeln fliehen ins Morgenrot.

Früher beteten sie, wenn die Sonne dem Meer entstieg, heute schlafen sie ihren Rausch aus. Diese Stille. Beim Erscheinen der Sonne und abends, wenn sie versinkt, schlafen die Winde ein. Sie verstummen aus Andacht, sagen die Alten. Der Wald beginnt zu brennen, erstes Licht wirft erste Schatten. Eine Pappel zeichnet einen schwarzen Strich kilometerweit in den Sand, ein Kirchturm streckt sich zum Horizont, die Dünen bekommen eine Tages- und eine Nachtseite … wie jedes Leben.

Fischerboote ruhen auf dem Haff, ihre Segel brennen. Der Leuchtturm löscht seine Feuer. Kalt ist der Sand und warm das Wasser.

Was könnte man singen in dieser Stunde? Im Schilf schnattern Enten, Kühe brüllen den Wald an. Von Süd nach Nord segelt der Milan, seine klagenden Schreie begrüßen den Morgen. Früher rief der Kuckuck, nun hämmert ein Specht in morsches Holz.

Anbetend knie ich hier, stimmten die Schäfer an, als es sie noch gab und sie ihre Sonntagslieder sangen. Geblieben sind Schafe.

Der Himmel wölbt sich wie die Kuppel eines Domes, alle Kandelaber leuchten. Am Steilhang der Düne trocknet der Sand, er beginnt zu rieseln. Die Düne erträgt es, dass Spuren in ihren Leib gedrückt werden; sie bestellt den Wind, sie wieder zuzuwehen. Es ist der Sonnenwind, der mit dem Licht von Nordosten kommt, die brennenden Segel bläht und die ersten Wellen ans Ufer spült.

Sehr fern, wie von untergegangenen Kirchen, läuten Glocken. So früh schon.

Einer hockt auf dem höchsten Punkt der Düne, als hätte er das Nachhausegehen vergessen. Rechts wärmt ihn das Licht, links kühlen schwarze Schatten.

Im Fischerdorf unter ihm trinken sie Kaffee. Es wird ein schöner Tag werden, sagen sie. Sie sind es gewohnt, dass die Tage schön werden. Niemand vermag sich vorzustellen, dass die Sonne nicht aufgehen könnte, dass sie im Nebel ertrinkt oder in schwarzen Rauchschwaden.

Elche treten aus der Deckung, um zu äsen. Den Mann auf der Düne halten sie für einen toten Felsen, der zum Meer schaut.

Über den Dächern Rauchfahnen. Sie kochen

Kaffee. Sie sprechen über das Mittagessen und wie es zur Vesperzeit sein wird. Weil das frühe Licht sie blendet, ziehen sie die Vorhänge zu. Es ist still und gemütlich in ihren Stuben.

Endlich erreicht die Sonne das Meer. Die Schaumkronen nehmen Farbe an, die Möwen werden weiß. Zum Glück gibt es Schiffe. Sie kommen von Riga, Helsinki und Leningrad, ziehen am Horizont vorüber, senden spärliche Rauchsignale aus; auch dort kochen sie Kaffee. Ohne Schiffe wäre das Meer in seiner majestätischen Eintönigkeit nicht zu ertragen.

Nun steht das Gestirn, dem wir alles verdanken, über dem Haff. Die Wälder sind nicht verbrannt, auch die Segelboote nicht. Die Sommergäste legen sich zum Bräunen in die Liegestühle und denken … Ja, was denken sie? Dass ein schöner Sommertag beginnt und dass morgen wieder ein Sommertag werden wird und so fort, solange sie bräunen wollen. Morgen ist Sonntag und Sommeranfang. Welch ein Tag!

Es erscheinen die ersten Wolken. Vorsichtig tasten sie sich aus dem Meer, hier eine Hand, dort ein zarter Schleier. Sie wollen die Sonne umzingeln. Es sind harmlose Sommerwolken, weiß und freundlich, jedes Kind könnte sie davonpusten wie einen Federflaum. Einige bleiben an Kirchtürmen haften, zum Trocknen aufgehängte Wäschestücke, oder sind es die weißen Fahnen der Ergebung?

Die Gräser singen, der Sand beginnt zu rieseln.

Wir lieben die Natur, weil sie keine Meinung über uns hat, sagte einer, der schon lange keine Meinung mehr hat. Sie ist so duldsam, sie erträgt uns, sie lässt sich schlagen und demütigen, niemals ist sie nachtragend. Aber einmal wird sie das Licht ausschalten und der Sonne das Aufgehen verbieten.

Unten besprechen sie das Mittagessen.

Der Milan kehrt zurück, er ruft nicht mehr. Der Wind wird stärker, er reißt an den Haaren des Mannes, wirft eine kleine Brandung an den Strand. Sie verwischt die Spuren, die andere getreten haben. Das Wasser schlägt an und flutet mit sirrenden Kieseln zurück.

Wie lange noch bis zum letzten Tag? Wir sollten die Zeit anhalten, damit es immer Vormittag bleibt. Baden wäre möglich. Sich der Brandung entgegenwerfen und neue Spuren in den Sand treten. Ich war da!, rufen die Spuren. Ich, ich, ich. Aber die nächste Welle wischt sie fort.

Kinder laufen lärmend den Hang hinab. Krähen fallen ein und spektakeln in windzerzausten Birkenbäumen.

Milchige Schleier verhüllen die Kuppel des Domes. Die Schiffe, die eben noch so klar ihre Signale aussandten, gehen unter im diesigen Licht. Man hält Mittagsschlaf. Man vermehrt sich. Und während es geschieht, steigt eine schwarze Wolke auf von Mittag. Die Stationen haben es nicht vorhergesagt, und nun geschieht es doch. Es kommen immer unverhofft schwarze Wolken. Wer weiß, was morgen sein wird.

Wie bedächtig das Gewitter sich nähert, als hätte es viel Zeit, als sei es sich seiner Sache sicher. Noch bleibt die Sonne sichtbar, aber sie hüllt sich in Schleier. Wie Blei liegt die Schwüle über dem Wasser, die Vögel verstummen, die Brandung hält den Atem an.

Könnte so das Ende der Welt beginnen? Der Mann auf der Düne sollte bleiben, um es aufzuschreiben und ein neues Buch zu beginnen. Am Anfang war das Wort. Nur Geschriebenes bleibt.

Der Wind kräuselt Sandfontänen.

Die Kinder laufen nach Hause.

Die Feuer in den Herdlöchern erlöschen.

Die Vögel fliehen nordwärts. Ob sie sich fürchten?

Was bleibt zu tun? Wetterleuchten illuminiert einen langweiligen Tag.

Die Sonne hat es aufgegeben, die Wolkenschleier zu durchbrechen.

Wir sollten Höhlen bauen, um in sie zurückzukehren. Weiß man, dass Blitze die höchsten Erhebungen suchen? Der Mann auf der Düne sollte nach Hause gehen. Er trägt Uniform. Durch ein Glas blickt er hinüber zum Festland. Wonach hält er Ausschau?

Ein Poltern wie Steinschlag im Gebirge. Die Stimme sagt: Ich kann auch anders. Alle Lieblichkeit ist dahin. Violett blickt es aus den Wolken. Wer jetzt kein Haus hat, baut sich keines mehr …

Ein Windstoß wirbelt Sandwolken auf. Tausend Körnchen schweben eine kleine Ewigkeit, bevor sie auf den Meeresgrund sinken. Kaum fallen die ersten Tropfen, hört das Wehen des Sandes auf.

Die Fischerboote kehren heim, sie sind nicht in Eile.

Schräg fallen die Regenschwaden. Die Dunkelheit wächst, der Mann auf der Düne wird immer einsamer.

Wo die Blitze niedergehen, schmilzt der Sand, sagen die Alten.

Ein Feuerhorn ertönt, so hilflos. Unten brennt eine Strohdachkate, auch ein kleiner Weltuntergang. Wer weiß, was morgen brennen wird?

Es regnet heftiger. Fast könnte man denken, das Meer liefe über. Am Hang der Düne wird eine Arche anlegen, aber die Türen werden geschlossen bleiben. Wir müssen Höhlen bauen.

Es gibt sie noch, die alte Sonne, aber sie sieht traurig aus. Sie kämpft sich aus der abziehenden Wolkenwand, müht sich, einen Regenbogen auszuleuchten, den sie vom Meer über die Düne zum Haff spannt.

Nun ist es wieder gut, denken die da unten.

Sie treten vor die Türen und entzünden ihre Pfeifen. Welch ein schöner Nachmittag, sagen sie. Ein Strandläufer trippelt am weißen Schaumkranz der auslaufenden Brandung, er sucht eine Mahlzeit. Es muss die Düne getroffen haben, denn warmer Wasserdampf dringt aus ihren Poren. Wo steht geschrieben, dass der Geist über dem Wasser schwebt?

Die abziehende Wolkenwand versinkt im nördlichen Meer. Warum ist die Sonne so müde? Sie will untergehen. Nur mit Mühe hält sie sich an der Spitze des Kirchturmes. Wenn sie ins Meer fällt, erlischt sie. Zugvögel fliehen in die untergehende Sonne, als hätten sie vor, nie wiederzukehren. Schon ist die Sonne eine Sichel, die die Scherenschnitte kahler Bäume auf dem Festland rot färbt.

Rasch beginnt die Kühle. Dieser Sand wird nie mehr wärmen.

Sie treten vor die Häuser. Welch ein schöner Sommerabend, sagen sie und rauchen ihre Pfeifen. Niemand denkt daran, dass die Sonne sich weigern könnte, morgen aufzugehen. Sie könnte eine Nebelwand schicken oder eine Giftwolke oder den Vulkanen befehlen auszubrechen. Der Mann mit dem Fernglas blickt immer noch über das Haff. Niemand wundert sich, dass die Leuchtfeuer erloschen sind. Jemand geht von Haus zu Haus und sagt den Fischern, dass sie in der Frühe nicht ausfahren sollen aus bestimmten Gründen. Morgen ist Sonntag.

Es wäre an der Zeit, Lichter anzuzünden, eine Glühwürmchenkette an den Haffstrand zu legen, damit die Sommergäste lustwandeln können. Aber es bleibt dunkel.

Was ist mit den Sternen? Eine halbe Stunde nach Sonnenuntergang erscheinen, so sagt es die Erfahrung, die ersten Sterne. Aber es gibt keine Sterne mehr, auch sie sind geflohen.

Diese Nacht ist noch kürzer. Kaum zeigt sich der erste Lichtstreifen, beginnt der Donner auf dem Festland, dort, wo die Ströme herkommen. Tausend Kanonen speien Feuer und Rauch. Die Fensterscheiben zittern. Aufgeschreckte Vögel kommen übers Haff und lassen sich im Dünensand nieder. Sie wissen auch nicht, wohin. Der Mann auf der Düne ist verschwunden. Von der See her kommen Flugzeuge. Mit einem Hüpfer setzen sie über die Düne, rasen im Tiefflug über das Haff. In den Küchen zerspringen Tassen und Gläser. Vögel fallen tot vom Himmel. Die Flugzeuge fliegen dorthin, wo es schon laut genug ist. Rauchwolken steigen auf, sie hindern die Sonne am Aufgehen. Es wird wieder dunkler. Die Fischer stehen vor ihren Häusern und blicken nach Osten. Ihre Pfeifen sind ausgegangen. Die Luft stinkt nach Flugbenzin, es kommt ihnen vor wie Pech und Schwefel.

Jetzt geht die Welt unter, denken sie. Wenn die Rauchwolken sich aufs Haff senken, werden die Fische sterben.

Es ist Sonntag, und wie immer läuten die Glocken. Gott hat es die Sprache verschlagen. Es ist Krieg.

Mädchen im weißen Kleid

In jener Zeit, in der viele einberufen wurden, holten sie auch Toni und steckten ihn, da er zu klein geraten war für den Krieg, in das Kasino eines Fliegerhorstes nahe der Stadt Lille. Dort spülte er Gläser, stellte den erbeuteten Champagner kalt und trug den Herren auf, wenn sie von ihren ermüdenden Flügen heimkehrten, die Füße auf die Tische legten, um von ihren Heldentaten zu erzählen. Ins Zillertal schrieb Toni, er habe es gut getroffen.

Neben dem Eingang hing eine Tafel, auf der sie ihre Einsätze mit Kreuzen markierten. Es hatte sich eingebürgert, die Abschüsse zu zählen. War ein Dutzend erreicht, gab es lobende Worte, bei höheren Zahlen sogar einen Orden und natürlich Champagner. Bevor die Herren sich zum Essen begaben, versammelten sie sich regelmäßig an der Tafel, rauchten schwarze Zigarillos und sprachen mit Respekt von ihren Feinden. Mit den Händen gestikulierend, zeigten sie den Neigungswinkel beim Anflug, die Kapriolen am Himmel, die Abstürze mit starker Rauchfahne, das Verschwinden der Maschine im Meer.

»Toni, wenn der verdammte Krieg zu Ende ist, fliege ich mit dir nach Tirol!«, rief Hauptmann Weber ihm zu.

Er brachte das Tablett mit gefüllten Gläsern, durfte neben den Herren stehen, ihren Schweiß riechen und die Ritterkreuze aus der Nähe betrachten.

»Im nächsten Sommer zeigen wir dir London«, versprach ein anderer.

Manchmal schenkten sie ihm Schokolade. Wenn die Herren zur Ruhe gingen, was spät genug geschah, lüftete Toni das Kasino und trank die Reste aus den Champagnerflaschen.

Ich habe ein wunderbares Leben, schrieb er ins Zillertal.

Das blieb so bis zu jenem Tag im Mai, als die Herren schweigend das Kasino betraten, sich nicht lange an der Ehrentafel aufhielten, sondern gleich zu Tisch gingen. Ihr Staffelkapitän war in den Ärmelkanal gestürzt, ärgerlicherweise nicht durch Feindbeschuss, sondern wegen eines technischen Defekts der Maschine. Sie stießen auf ihn an, verharrten eine Minute gedenkend vor seinem Bild, um danach in ihren Ledersesseln zu versinken, wo sie sich düsteren Ahnungen hingaben. Der Jüngste – sie nannten ihn Norbert – meinte, zur Erheiterung der Runde beitragen zu müssen. Er erzählte die Geschichte vom Mädchen im weißen Kleid, die sich zugetragen hatte auf dem Rückflug südlich der Stadt Birmingham. Der Chef, eben jener, der in den Ärmelkanal gestürzt war, hatte seinen Piloten befohlen: Wir spielen Straßenfeger!

Norbert demonstrierte, wie sie im Tiefflug die Alleen entlanggerast waren auf der Suche nach lohnenden Zielen, vielleicht einer marschierenden Kolonne oder einem Lastwagen. Aber wie leer gefegt fanden sie die Straßen. Da entdeckte Norbert vor einer Ortschaft einen weißen, sich bewegenden Punkt, der den Häusern zustrebte. Er sah, dass es ein Mädchen auf dem Fahrrad war, ganz in Weiß gekleidet.

He, Mädchen, du fährst links! Das ist nicht erlaubt!

Als die donnernde Maschine über ihm war, sprang das Mädchen ab, riss das Rad herum und fuhr in die andere Richtung. Nun war sie, wie es sich gehörte, auf der rechten Seite.

Er zog eine Schleife über der Ortschaft, raste wieder die Allee entlang, nun noch tiefer, und wunderte sich, wie schnell das Mädchen fuhr. Ihr Haar wehte im Wind. Konnte es sein, dass sie ihm zuwinkte? Auf dem Gepäckträger entdeckte er einen gefüllten Korb. Rotkäppchen mit Kuchen und Wein auf dem Wege zur Großmutter! Aber Großmutter, was hast du für ein großes Maul!

Norbert lachte laut. Als er erneut über sie hinwegjagte, fing das weiße Kleid an, zickzack zu fahren, wie die Hasen springen, wenn die Jagdhunde hinter ihnen her sind.

Plötzlich warf das Mädchen sein Fahrrad von sich und sprang in den Graben.

Das tut man nicht, kleine Mädchen müssen immer schön auf der Straße bleiben.

Natürlich wollte er das Mädchen nicht umbringen, aber dieses verräterische weiße Kleid. Er flog noch einmal die Straße ab und entdeckte den weißen Fleck im Gebüsch. Er wollte das Mädchen nur erschrecken.

»Ich habe in die Baumkronen geschossen«, erklärte Norbert. »Auf einmal war der weiße Fleck verschwunden.«

Eine halbe Stunde später stürzte der Staffelkapitän in den Ärmelkanal.

Einer ging hin und markierte an der Tafel ein Kreuz.

»Kennst du in Tirol auch ein Mädchen im weißen Kleid?«, fragte Hauptmann Weber.

Toni schüttelte heftig den Kopf.

Er brachte ein Tablett mit gefüllten Gläsern an den Tisch der Herren, dachte unterwegs, warum einer von Lille nach England fliegen müsse, um auf Rad fahrende Mädchen zu schießen. Da fiel das Tablett zu Boden, die Gläser zerbrachen, die Herren lachten. Toni hörte noch, wie einer der Herren sagte, man sollte kleinen Mädchen verbieten, in Kriegszeiten in weißen Kleidern spazieren zu fahren.

In jener Nacht träumte er, nachdem er gewisse Reste aus den Flaschen getrunken hatte, vom Zillertal. Er sah ein Mädchen im weißen Kleid die Straße hinabradeln, es hatte Blumen im Haar. Es fuhr immer schneller, das Haar wehte im Wind, die Blumen lösten sich und gaukelten wie Schmetterlinge in den Lüften. Als das Mädchen unten gegen die Brückenmauer prallte, wachte Toni schweißgebadet auf. Im Morgengrauen musste er sich übergeben. In der Schreibstube erschien er kurz nach neun Uhr und bat darum, nach Tirol reisen zu dürfen. Nur für einen Tag.

Der lachende Feind

Am Abend des 3. Juni erreichte Bob Pendleton vom Royal Corps of Signals mit seinem Fahrrad den verwüsteten Hafen. Einige Schiffe brannten noch, aus den Lagerschuppen wälzten sich Rauchschwaden. Seine Hoffnung, Anschluss an die eigenen Leute zu finden, erfüllte sich nicht. Das Chaos war groß, aber er fand keine Menschen, auch sah er weit und breit kein Boot, das ihn hätte über den Kanal bringen können. Bob Pendleton kroch in einen umgekippten Lastwagen, den es an eine Hauswand geschleudert hatte. Dort schlief er ein mit dem Gedanken, am nächsten Morgen entweder tot oder ein Gefangener zu sein.

In der Morgendämmerung weckte ihn ein Geräusch, das vom Wasser kam, erst ein Plätschern, dann ein leises Rufen.

Er kroch aus seinem Versteck, sah einen Fischerkahn, der in der Dünung dümpelte. Am Bug stand ein Mann, der ihm zuwinkte. Der Kahn konnte die Pier nicht erreichen, weil gesunkene Boote den Weg versperrten. Also hielt er sich im freien Wasser, gut zweihundert Meter vom Ufer entfernt.

Bob Pendleton lief auf den Steg hinaus, sprang am Ende ins Wasser und versuchte, den Kahn schwimmend zu erreichen. Er hatte noch nicht die halbe Strecke zurückgelegt, als er Flugzeuge hörte. Sie kreisten über dem Hafen, stießen plötzlich heulend in die Tiefe. Auf dem Rücken schwimmend, sah Bob Pendleton die Maschinen auf sich zukommen.

Das ist das Ende, dachte er.

Doch es fiel kein Schuss. Die Flugzeuge schaukelten, die Piloten grüßten, einer lachte ihm zu. Über dem Hafenbecken zogen sie eine Kehre und flogen davon.

Der Fischer zog ihn aus dem Wasser und trug ihn in die Kajüte. Sie sprachen kein Wort, bis sie die Kreidefelsen von Dover sichteten.

»Waren es unsere?«, fragte Bob Pendleton.

»Nein, es war der Feind«, antwortete der Fischer.

Engel auf der Landstraße

An jenem Junimorgen holte der alte Pierre sein Fahrrad aus dem Schuppen, um im Nachbarort eine Kleinigkeit zu besorgen, gewiss nur eine Kleinigkeit. Auf halbem Wege, schon sah er den Kirchturm von Oradour sur Glane im Sonnenlicht, entdeckte er eine Rauchsäule, die wie unbeteiligt über dem Ort hing, vom Wind kaum bewegt und doch in die Breite wachsend. In wenigen Augenblicken verfärbte sich der schwarze Rauch in ein dunkles Lila. Es war nur eine Kleinigkeit, die er holen wollte, die Rauchsäule sollte ihn nicht daran hindern. So fuhr er unbeirrt weiter, bis ein fremder Soldat aus der Deckung eines Chausseebaumes trat, das Gewehr auf ihn richtete und ihn aufforderte, vom Rad zu steigen. Es war ein junger Bursche mit bartlosem Gesicht und blonden Haaren. Man hätte ihn für ein Mädchen halten können, wären da nicht der furchtbare Stahlhelm und das Gewehr gewesen.

»Es ist besser umzukehren«, sagte der Soldat und zeigte in die Richtung, aus der Pierre gekommen war.

Pierre redete auf ihn ein. Es sei nur eine Kleinigkeit, die er holen wolle, das Feuer, das da brenne, störe ihn nicht, in einer Viertelstunde, na höchstens einer halben Stunde, werde er zurückkehren.

Am Ortseingang begann ein Maschinengewehr zu rattern, auch schien es ihm, als schrien Menschen. Ein heftiger Knall erschütterte die Luft. Der Kirchturm, eben noch sichtbar, verschwand im Rauch.

»Hau endlich ab!«, schrie der Soldat.

Wie diese jungen Kerle mit einem alten Menschen umgehen, dachte Pierre.

Der Soldat kam näher, drückte ihm den Lauf des Gewehrs in den Rücken, trieb ihn zur Eile an.

»Wenn ich dich nach Oradour fahren lasse, wirst du sterben!«, schrie er.

Pierre riss das Fahrrad herum. Mit dem Wind im Rücken, ohne viel zu treten, entfernte er sich von den Rauchsäulen und dem anschwellenden Lärm des Gewehrfeuers. An der Biegung blieb er stehen und schaute zurück. Die Straße war leer.

Am Nachmittag kam das Gerücht herüber, die fremden Soldaten hätten Oradour niedergebrannt und alle Bewohner getötet. Pierre fuhr noch einmal zu der Stelle, an der ihm der junge Soldat entgegengetreten war. Er fand nicht einmal Fußspuren im Sand. In den kommenden Monaten und

Jahren verfestigte sich in ihm der Gedanke, er sei an jenem Junimorgen keinem Soldaten begegnet, sondern einem Engel, seinem Schutzengel. Aber das sagte er keinem.

Fünfter Sonntag nach Trinitatis

Abends saß Jeremias am offenen Fenster seiner Wohnung und sah, wie die Stadt sich von einem heißen Tag erholte. Vom Strom her wehte Kühlung herauf, der Himmel erschien so ungewöhnlich klar mit einer Sicht bis zu den Sternen. Jeremias erinnerte sich nicht, die Stadt jemals so still erlebt zu haben. Wären nicht die Hammerschläge von den Hellingen gewesen und das gelegentliche Quietschen der Ladebäume, man hätte denken können, die Millionenstadt hielte den Atem an und warte auf etwas Unerhörtes. Längst verklungen die Strauß-Melodien. Ab 21 Uhr brachte der Sender Arien und Tänze aus italienischen Opern: »Die Macht des Schicksals«. Ohne Musik wäre es schwerer zu ertragen gewesen. Jeremias liebte sie, weil nur sie in all dem Wechselvollen so beständig geblieben war.

Um 21.31 Uhr Sonnenuntergang. Die Verdunkelung galt von 22.45 Uhr bis 4.15 Uhr in der Frühe. Ein Mondaufgang war für 0.57 Uhr vorgesehen.

Unten im Park ein Wispern und Tuscheln, auf den Boulevards trippelnde Schritte. Rauchwölkchen von den Schleppern, die Tag und Nacht unterwegs waren, schmückten den Abendhimmel. Im Westen, wo der Strom sich zum Meer hin verlor, glühte eine Wolkenbank. Im Westen lag auch die See, über das Wasser kamen, wenn sie kamen, die Flugzeuge.

Es werden nicht viele zum Gottesdienst erscheinen, dachte Jeremias. An schönen Sommertagen strömen die Leute in die Bäder oder hinaus aufs Land. Gottesdienst am fünften Sonntag nach Trinitatis um zehn Uhr morgens in allen fünf Hauptkirchen, St. Petri sogar mit Abendmahl. Aber es werden nicht viele kommen.

Er trank Limonade, lehnte sich aus dem Fenster und betrachtete seine Kirche, die zum Greifen nahe lag und mächtige Schatten auf die Hausdächer warf.

Nach zehn Uhr rief Silbermann an, um die Lieder für den fünften Sonntag nach Trinitatis abzustimmen.

Jeremias würde gern Mozarts e-Moll-Messe spielen, aber Silbermann wünschte Choräle.

»In diesen Zeiten brauchen wir etwas Kräftigendes, das Mut macht!«, rief er ins Telefon.

Der wünscht sich Choräle, aber wo sind die Chöre, die sie singen können?, dachte Jeremias.

Predigen wollte Silbermann, wie im Textbuch vorgeschlagen, über den ersten Petrusbrief, Kapitel 3, Verse 8–15.

Auf der Straße Kinderstimmen. So spät noch. Die Kinovorstellungen gingen zu Ende. »Altes Herz wird wieder jung« spielten sie unweit der »Großen Freiheit«.

Choräle also.

Jeremias hatte es immer als glückliche Fügung angesehen, so nahe neben seiner Kirche zu wohnen. So war sie ihm vertrauter geworden. Wenn ihm der Sinn danach stand, ging er zu ihr und spielte ein Stündchen Johann Sebastian Bach. Selbst mitten in der Nacht durfte er sie besuchen, allein durch Gottes leeres Haus wandern, um den Tönen zu lauschen.

Auf der Bank neben der Kirche knutschte sich ein Liebespaar. Jeremias erinnerte sich daran, dass früher, als der berühmte Fischmarkt jeden Sonntagmorgen abgehalten wurde, immer welche auf den Bänken geschlafen hatten. Von den Glocken geweckt, waren einige zum Gottesdienst gekommen. Aber das war lange her. Es gab keinen Fischmarkt mehr und keinen Brandy zum Einschlafen, nur die Liebe tuschelte noch auf den Bänken.

Jeremias las den Text, über den Silbermann predigen wollte:

> Vergeltet nicht Böses mit Bösem oder Scheltwort mit Scheltwort …

Dazu wäre einiges zu sagen. Er müsste die passenden Choräle finden.

Die Stadt hielt sich verdunkelt, nun schon im vierten Jahr. Es brannten keine Straßenlaternen, sogar die Hochbahnzüge fuhren ohne Licht über ihre Brücken in die Tunnel. Nur der Abendhimmel leuchtete nach, bis eine neue Helligkeit am nordöstlichen Horizont aufsteigen und einen schönen Sommertag beginnen lassen wird. In den Hundstagen sind die Nächte kurz.

Silbermann wird predigen, auch wenn niemand kommt. Er wird den ersten Petrusbrief lesen, auf die leeren Bänke einreden, und Jeremias wird Choräle spielen.

Am Fenster sitzend, wartete er auf Kühle. Über dem Strom entdeckte er Sterne. Gelächter auf der Straße. Eine Männerstimme sang den »Zigeunerbaron« ... »Ja, das Schreiben und das Lesen ...« Nun eilten sie zur letzten U-Bahn, um nach Hause zu fahren und bei offenem Fenster in den Sonntag zu schlafen. Von denen kommt keiner, um den Petrusbrief zu hören, dachte Jeremias.

Er freute sich auf die Nacht. In der Zeitung hatte er eine Notiz gefunden, dass der Großdeutsche Rundfunk in Erfüllung eines Wunsches vieler Soldaten und Nachtarbeiter ab 24. Juli unterhaltende Nachtmusik bis zum frühen Morgen senden werde. Wem die Nächte unheimlich werden, der kann heitere Musik hören.

Er blätterte in der Notenmappe. Vielleicht wäre es doch angebracht, ein wenig zu üben. Die großen Choräle müssen vollendet gespielt werden, bei ihnen darf sich kein falscher Ton einschleichen.

Ohne eine Jacke überzuziehen, an den Füßen Sandalen, verließ er die Wohnung mit der Notenmappe unterm Arm. Die Wärme des Asphalts der Straße und der nachglühenden Hauswände schlug ihm entgegen. Noch näher hörte er das Hämmern und Pochen im Hafen, sah auch die sprühenden Funken der Schweißgeräte. Die Ausstattungs-Revue »Sonnenschein für alle« im Circus Busch am Millerntor schloss in diesem Augenblick ihre Pforten.

Als er die Kirchentür öffnete, schlug die Turmuhr Mitternacht. Um diese Zeit vereinigten sich vor der dänischen Nordseeküste die Bombergeschwader und schwenkten auf südlichen Kurs. Im Radio erklang das Deutschlandlied. Dann spielten sie »Das kann doch einen Seemann nicht erschüttern …«, ein Lied zum Mutmachen, um die Gespenster der Nacht zu vertreiben.

»Ade nun zur guten Nacht.«

Eine wohltuende Kühle strömte ihm entgegen. Er brauchte kein Licht einzuschalten, denn er kannte jeden Schritt, auch die einundzwanzig Stufen hinauf zur Empore. Seine Orgel empfing ihn schweigend. Er berührte die mächtigen Pfeifen und erschrak über so viel Kühle. Bevor er auf der Bank Platz nahm, die nur ihm gehörte, lehnte er sich über die Brüstung, versuchte, in der Tiefe etwas zu erkennen. Spärlicher Schein fiel durch buntes Glas, ließ ihn die Umrisse des Altars erahnen, oben die Kreuzigung, unten ein Bild der Auferstehung.

Kaum zog er die Register, spürte er, wie sie lebte. Sie vibrierte leise, auch schien es ihm, als summe das Metall eine Melodie, die noch niemand gehört hatte. Anfangs spielte er unkontrollierte Töne, nur um die Finger zu lockern. Es war ihm eine Wohltat zu spüren, wie sich das Kirchenschiff mit Tönen füllte. So verlor er das Gefühl, allein zu sein.

»Großer Gott, wir loben dich …«

Die Bomber überflogen die nördliche Stadt Heide. Im »Trichter« ging die »Schau der Attraktionen mit den Sternen des Varietés« zu Ende.

Wie eine Brandungswelle stürmten die Töne auf ihn ein und ließen ihn erschauern. Er wusste um den Unterschied, ob eine Kirche bis zum letzten Platz gefüllt oder leer ist. Viele Menschen dämpfen den Klang der Orgel.

In dieser Nacht blieb er allein im großen Haus, die Orgel spielte hell und klar, das Echo fiel von den Wänden zurück, es überflutete ihn.

Jeremias zündete eine Kerze an.

»Großer Gott, wir loben dich …«

Er liebte gerade diesen Choral, weil er die kraftvollen Töne erlaubte und, wenn er alle Register zog, das Gotteshaus bis zur Turmspitze ausfüllte.

Es werden nur wenige kommen, wenn überhaupt. Silbermann wird vor leeren Bänken predigen, er wird die bedeutendsten Choräle der Christenheit am fünften Sonntag nach Trinitatis für sich allein spielen.

»Soli Deo Gloria« wusste er über sich, ins Holz der Orgel geschnitzt.

Während er spielte, übernahm draußen die Dunkelheit die Herrschaft. Der wolkenlose Himmel steckte Sterne auf, oder waren es schon die Pfadfinder, die von Norden kommend die Stadt anflogen?

Silbermann wollte Choräle, aber ihm fehlten die Chöre. Wenn es den Chor noch gäbe, würden mehr Besucher kommen, dessen war er sicher. Seine Männerstimmen hatte es in den Krieg verschlagen, die Frauen sangen nur noch an den hohen Feiertagen des Kirchenjahres.

Kurz nach Mitternacht änderte der Bomberschwarm den Kurs, um die Stadt direkt von Nord anzufliegen. Sie wählten den Turm einer der fünf Hauptkirchen als Markierungspunkt. Um 0.33 Uhr heulten Sirenen. Jeremias hörte nichts, weil seine Choräle den Lärm übertönten. Nur die Kerze begann zu flackern, als hätte jemand die Tür geöffnet und einen Windzug in die Kirche gelassen. Er lauschte hinunter, vernahm aber nur ein feines Summen, das vom Turm herabzufallen schien.

Es werden Flugzeuge sein, dachte er.

»Allein Gott in der Höh sei Ehr …«

Um 0.57 Uhr sollte der Mond aufgehen. Er verweigerte seinen Dienst, weil in diesem Augenblick die ersten Bomben auf die Stadt fielen.

Sie werden keine Gotteshäuser bombardieren, dachte er. Gott wird es nicht zulassen. Er wird auch die Krankenhäuser schützen, die Waisenhäuser und die schlafenden Kinder.

Unterhalb der Kirche gab es eine Gruft, dort wäre er sicher. Vor zwei Jahren hatten sie einen Tunnel gegraben, der von außen in die Gruft führte. Er glaubte zu hören, wie Menschen, von der Straße kommend, in den Tunnel rannten. Sie werden sich neben die Särge der alten Bischöfe legen und auf das Ende des Infernos warten. Ob man sein Orgelspiel unten in der Gruft hörte? Solange dort oben die Orgel spielt, kann uns nichts geschehen, werden sie denken.

Vielleicht sollte er nach Hause laufen, sich in sein Bett legen und die Augen schließen.

Vom Bunker am Heiligengeistfeld bellten die Flakgeschütze. Eine ungewohnte Helligkeit brach herein. Die Scheinwerfer, die den Himmel kreuzten, gaben Licht genug, um die bunten Kirchenscheiben leuchten zu lassen. Jeremias erkannte deutlich die Bilder an den gekalkten Wänden, den goldenen Engel über der Kanzel. Er flog, ja er schwebte durchs Kirchenschiff, als wollte auch er fliehen.

Er könnte in die Gruft laufen, dort wäre er sicher. Aber er musste spielen.

»Lobe den Herren, den mächtigen König der Ehren ...«

Seine Kirche besaß meterdicke Wände, sie ruhte auf Felsgestein. Niemand konnte ihr etwas anhaben, wenn sie auch zitterte, als die Einschläge näher kamen. Der Kronleuchter pendelte, ein Bild fiel scheppernd von der Wand. Wenn der Turm einstürzt, wird er dich mit deiner Orgel begraben und alle Choräle mit in die Gruft nehmen, dachte Jeremias.

»Ein feste Burg ist unser Gott ...« Eine Bombe explodierte so nahe, dass der Knall sein Orgelspiel übertönte. Nun kam auch die Farbe Rot ins Spiel. Der Schein des Feuers brach sich in den bunten Scheiben, über dem Rot kreisten die blassen Lichtkegel der Scheinwerfer. Wenn er zum Turm hinaufstiege, könnte er das schaurige Schauspiel aus der Höhe betrachten.

»Die Himmel rühmen des Ewigen Ehre ...« Die Orgel spielte es ohne sein Zutun.

Ob Beethoven an ein solches Inferno gedacht hat?

Silbermann wird nicht über den Petrusbrief predigen, sondern das Erste Buch Moses aufschlagen und lesen:

> Da ließ der Herr Schwefel und Feuer regnen vom Himmel herab auf Sodom und Gomorrha und vernichtete die Städte und die ganze Gegend und alle Einwohner der Städte und was auf dem Lande gewachsen war …

Ein Luftzug wehte die Kerze aus.

Er brauchte kein Licht, um zu spielen. Hinter den Fenstern leuchteten ihm Flammen genug. Welch ein Glück, dass seine Kirche nicht brennen konnte. Sie war aus Stein und eine feste Burg, er fühlte sich in ihr geborgen. Als er die Augen schloss, hörte er einen Chor singen: »Heilig, heilig, heilig, heilig ist der Herr …« Das hatten sie Ostern 1940 gesungen, als es noch Männerstimmen gab.

Schubert ist einunddreißig Jahre alt geworden, du bist doppelt so alt und fürchtest dich vor dem Tod.

> Er, der nie begonnen.
> Er, der immer war.
> Ewig ist und waltet,
> sein wird immerdar.

Sein ewiges Walten entlud sich in der gewaltigen Explosion einer Luftmine auf der anderen Straßenseite.

»Dona nobis pacem …« Er spielte es nicht nur, sondern sang es auch, aber es wollte sich kein Frieden einstellen.

Das Feuer kam näher. Der Gedanke, das Fensterglas könnte schmelzen, Funken ins Kirchenschiff eindringen und die Bänke entzünden, ließ ihn zittern. Draußen brannte ein Glutofen und gab seine Hitze an Wände und Fenster ab. Irgendwo klirrte Glas. Es heulten nicht mehr die Sirenen und die fremden Flugzeuge, es jaulte nur noch der Wind.

Längst war der Sonntag angebrochen, Silbermann bereitete seine Predigt vor, die Himmel rühmten des Ewigen Ehre.

Er wollte Johann Sebastian Bach spielen, als mit gewaltigem Krachen die Tür aufflog. Heißer Wind ergriff seine Notenblätter, ließ sie wie aufgeschreckte Vögel durchs Kirchenschiff flattern. Rauch umwehte ihn.

Wenn du die Tür nicht schließt, kriecht das Feuer ins Haus, dachte Jeremias. Er rannte hinunter, stemmte sich gegen den Wind, hangelte sich an Bänken und Wänden dem Ausgang zu … Und dann sah er die Stadt. Ein Flammenmeer bis zu den Horizonten. Aus den Fenstern flatterten die Fahnen des Feuers. Menschen flüchteten zum Strom, an ihren Schuhsohlen klebten Flammen.

Es kostete ihn einige Mühe, die Tür zu schließen und die Kette vorzulegen. Hustend, ein Taschentuch vor dem Mund, hastete er die einundzwanzig Stufen aufwärts. Er wollte spielen, aber die Orgel gab keinen Ton von sich. Er wollte alle Register ziehen, um gegen den Untergang der Welt anzuspielen, aber das Instrument blieb stumm. Jetzt halfen nur noch Chöre.

»Heilig, heilig, heilig …«, ließ er den Männerchor von der Empore in die Tiefe singen.

Armer Schubert.

Ohne Männerstimmen ist dieser Choral nicht darzustellen. Käme das Feuer ins Haus, könnte er zu den anderen ins unterirdische Gewölbe flüchten, wo die alten Bischöfe begraben liegen. Warum spielst du nicht mehr?, werden sie ihn fragen. Weil Gott das Licht ausgeknipst hat, wird Jeremias antworten.

Der Chor sang von den Männern im Feuerofen.

Über dem Altar erschien eine Schrift an der Wand.

Wir werden weitermarschieren, bis alles in Scherben fällt …, schrien die Männer im Feuerofen.

Wie heiß es wurde. Sein Kopf schmerzte von dem stinkenden Rauch.

Schubert ist einunddreißig Jahre alt geworden.

Die Abendvorstellungen waren längst zu Ende, im Reeperbahn-Theater sangen sie zum letzten Mal den »Vogelhändler«. Im Hafen arbeitete niemand mehr.

Wie lange dauert ein Inferno?

In seinem Haus wohnten drei Familien mit kleinen Kindern. Hoffentlich sind sie wach geworden und in die Gruft gelaufen. Und die Liebespaare. Was ist aus den Liebespaaren auf den Parkbänken geworden?

Die Flakgeschütze hörten auf zu schießen, den Scheinwerfern ging das Licht aus, die Stadt leuchtete genug. Silbermann wird über Sodom und Gomorrha predigen, die Sänger üben das »Heilig, heilig, heilig«, die Kinder schlafen fest.

Um 1.45 Uhr war die Stille wiederhergestellt. Nur die Flammen prasselten noch. Der Mond war doch aufgegangen, blieb aber unsichtbar.

Es wäre an der Zeit, »Nun danket alle Gott ...« zu spielen, aber die Orgel verweigerte sich immer noch. Auch wäre es angebracht, ein kühles Bad zu nehmen. Oder trinken, wenigstens trinken.

Der Sonnenaufgang war für 5.22 Uhr vorgesehen, aber der Qualm, der über der Stadt lag, hinderte das Gestirn am Aufgehen. Als es endlich hell wurde, konnte er sehen, dass wieder ein schöner Sommertag beginnen wollte. Er wanderte, bemüht, sich nicht zu beschmutzen, durch seine Kirche. Die bunten Fenster waren zersprungen, durchs Kirchenschiff waberte Rauch. Der goldene Engel über der Kanzel hatte ein graues Gesicht bekommen. Gestank erfüllte den Raum. Er hörte, wie sie die Tunneltore öffneten und die Gruft verließen. Einige schrien, weil sie ihre Häuser nicht fanden.

Langsam begab er sich zur Tür, löste vorsichtig die Kette. Wieder schlug ihm Wärme entgegen und ein Gestank wie aus den Verbrennungsöfen einer Abdeckerei.

Sein Haus, nur einen Steinwurf entfernt, gab es nicht mehr. Aus seinen Trümmern züngelten Flammen. Die Kinder schliefen fest. Sämtliche Kinos blieben geschlossen. In den Hauptkirchen der Stadt fielen die Zehn-Uhr-Gottesdienste aus, in St. Petri auch das Abendmahl. Silbermann kam nicht. In der Ulrikusstraße hatte eine Bombe ein Bordell getroffen. Am Morgen trugen sie die Mädchen in Säcken aus den Trümmern. Die Liebe höret nimmer auf, aber der Tod hat den längeren Atem.

Vor seiner Kirche lagen Gesteinsbrocken und Glasscherben, dem Reformator hatte es Asche aufs Haupt gestreut. Ein Engeltorso war von den Zinnen herabgestiegen, selbst die Engel hatten das Fliegen verlernt. Die Bank, auf der nachts ein Liebespaar gesessen hatte, gab es nicht mehr, das Liebespaar auch nicht. Eine verkohlte Leiche krümmte sich über einem Gullydeckel. Wie klein verbrannte Menschen sein können. Weiter unten war ein Mensch im flüssigen Teer stecken geblieben und zur Leiche geworden.

Jeremias schaute zum Turm hinauf. Er wunderte sich, dass das große Gotteshaus unversehrt geblieben war. Über alle Trümmer hinweg grüßte das Kreuz.

Erst betete er, dann fragte er sich, wohin er gehen sollte. Unten am Wasser sah er Menschen. Bepackt mit Rucksäcken und Taschen, kletterten sie über Trümmerberge auf der Suche nach Straßen. Gewiss wollten sie die Stadt verlassen, um einen Sommertag auf dem Lande zu verbringen. Das Galopprennen um den »Preis von Deutschland«, das um 14 Uhr beginnen sollte, musste ausfallen. Auch das Sommerfest des Martin-Luther-Bundes auf dem Gelände der Alsterdorfer Anstalten konnte nicht stattfinden. In der letzten Zeitung, die vor dem Feuer erschienen war, hatte Planten un Blomen um Besucher geworben: »Nun blühen alle Sommerblumen.«

Ob auch die Blumen gestorben sind?

Am liebsten wäre er nach Hause gegangen, um festes Schuhzeug anzuziehen und das durchschwitzte Hemd zu wechseln und um zu trinken.

Ein alter Mann kam aus den Schuttbergen unterhalb der Kirche gekrochen.

»Wir haben die Nacht in der Gruft überlebt«, sagte er. »Sie haben schön gespielt.«

Der Alte machte sich auf den Weg zum Wasser. Nach wenigen Schritten blickte er sich um.

»Meine Tochter lebt in der Lüneburger Heide!«, rief er. »Ich werde zu ihr wandern. Meinen Sie nicht auch, dass ich es bis zum Abend schaffen könnte, bevor die Bomber wieder kommen?«

Im Hafen arbeitete niemand, kein Hammerschlag auf den Hellingen. Es fuhren auch keine Barkassen stromabwärts. Und zu allem Überfluss waren die Uhren stehen geblieben.

Um zehn Uhr sollte der Gottesdienst zum fünften Sonntag nach Trinitatis beginnen. Niemand kam. Die Kirche blieb geschlossen. Auch der liebe Gott war aufs Land gefahren.

Der Winter der Tiere

»Der Hund heulte die ganze Nacht«, sagte die Frau, als sie morgens das Brot schnitt und heiße Milch auf den Tisch stellte.

»Die Tiere spüren es, sie ahnen, was kommt«, antwortete der Mann. Er stand am Fenster, hauchte ein Loch in die Eisblumen, um hinauszuschauen in die Winterlandschaft.

»Es brüllten auch Kühe«, fuhr sie fort. »Aber nicht die unseren. Es kam von der Chaussee und nahm kein Ende.«

»Hunderte«, murmelte er, »bestimmt waren es Hunderte.«

»Warum treiben sie die Tiere nachts?«

»Weil es am Tag nicht geheuer ist«, antwortete der Mann.

»Und immer in eine Richtung«, sagte die Frau. »Nach Osten zieht keiner mehr.«

Sie saßen sich gegenüber, dachten an die laute Nacht, an die Viehherden auf der Straße. In der Nähe des Friedhofs war das Gebrüll angeschwollen, so als wollten sie die Toten wecken. Danach, in der Senke, war es verstummt. Nun dämmerte der Morgen, und es war still.

Sie goss heiße Milch in einen Blechtopf, schmierte ihm Brote wie an jedem Morgen, fragte beiläufig, ob er in den Wald gehen wolle oder im Stall zu arbeiten habe, ob er sich ein bestimmtes Gericht zu Mittag wünsche. Sie hätte noch Bratklopse von gestern.

»Hast du die Schüsse gehört?«, fragte er.

»Wie auf der Treibjagd.«

»Wenn die Tiere schwach werden und der Herde nicht folgen können, muss man sie töten, damit sie sich nicht quälen.«

»Du meinst, sie haben sie erschossen?«

Der Mann zeigte durch ein Eisblumenguckloch nach draußen. »Die schwarzen Punkte auf dem Schneeacker, das sind die toten Tiere.«

»Ob sie vor Hunger gebrüllt haben?«, fragte die Frau.

»Ihre Fesseln waren wund«, antwortete er. »Wenn du eine Viehherde durch harschen Schnee treibst, findest du überall Blut in den Spuren.«

Sie schob ihm das Essen über den Tisch und faltete die Hände.

»Schon der Tiere wegen sollte es keine Flucht geben«, seufzte die Frau. »Wir flüchten nicht, wir bleiben bei unseren Tieren.«

Er nickte und trank die heiße Milch.

»Im Winter sollten sie überhaupt keinen Krieg veranstalten«, fuhr er nach einer Weile fort.

Sie wunderten sich über die ungewöhnliche

Stille am Morgen. Nicht zu denken, dass irgendwo Krieg sein könnte. Goldgelb stieg das Licht empor. Es brüllten keine Rinder, die Chaussee schien menschenverlassen, wie zugeschneit. Wären nicht Krähen die leeren Bäume abgeflogen, um nach Unrat auszuschauen, hätte jeder denken können, Winterstarre sei über das Land gefallen.

»Unsere Kühe wissen es auch«, sagte die Frau. »Sie sahen mich so sonderbar an, schon gestern gaben sie weniger Milch, und heute wird es noch weniger sein.«

»Mach nicht so traurige Augen, Rex!«, rief er dem Hund zu.

Der kam aus seiner Ecke gelaufen, legte den Kopf in den Schoß und wartete auf ein Stück Brot.

»Sie sagen, Hunde taugen nicht für die Flucht, weil sie zu sehr am Hof hängen«, erklärte der Mann. »Auch sind sie unruhig. Sie winseln, bellen und heulen, mit anderen Worten: Du bist nicht zu gebrauchen, Rex. Die meisten, mit denen ich sprach, wollen ihren Hund erschießen.«

»Das hat Rex nicht verdient«, murmelte die Frau.

»Wir werden unsere Tiere nicht im Stich lassen«, erklärte er feierlich. »So ein Krieg macht auch mal Pause, er wartet auf günstige Witterung. Im Sommer geht es besser, auch mit den Tieren.«

Die Frau erzählte die Geschichte von Adomat.

Der war allein auf seinem Hof geblieben, um die Tiere zu versorgen; Frau und Kinder hatte er auf die Flucht geschickt, auch den Hund. Als sie in die Gegend von Mohrungen kamen, verschwand der Hund über Nacht, rannte über die Frontlinie zurück nach Hause, wohl an die hundert Kilometer, fand dort seinen Herrn erschossen vor dem Scheunentor und legte sich zu ihm, um auch zu sterben. Als Frau und Kinder nach Wochen heimkehrten, fanden sie Bauer und Hund Seite an Seite vor dem großen Scheunentor.

»Das geschah im ersten Krieg«, winkte der Mann ab. »Damals war Sommer, und alles ging besser.«

»Aber es ist eine schöne, traurige Geschichte«, beharrte die Frau.

Er zog die Joppe über, trat vor die Tür, um nach dem Wetter zu sehen.

Eine Kälte lag in der Luft, es ging kein Wind, er konnte den Atem sehen, und in den Bäumen hing Raureif. Als Erstes versorgte er das Vieh, warf den Kühen Rüben vor, gab ihnen reichlich Heu, bevor er zu melken begann. Sie gaben weniger Milch als gestern, was er auf die Kälte zurückführte. Im Winter stehen sie oft trocken und warten auf das frische Gras des Frühlings.

Ja, im Sommer wird alles besser, dann geben die Kühe wieder reichlich, dachte er.

Als er mit der Kanne vor die Tür trat, mühte

sich die Sonne aus einer Schneewehe. Schneestaub fiel von den Ästen, es war immer noch still.

»Der Milchwagen wird nicht kommen«, meinte die Frau. »Wir sollten die Kanne im Schnee vergraben, da hält sich die Milch, und wenn wir wiederkommen, in drei oder vier Tagen, haben wir etwas zu trinken.«

»Wir reisen nicht ab, wir werden auch nicht wiederkommen«, grummelte er vor sich hin. Bei sich dachte er: Wer hier weggeht, kehrt nie wieder. Aber das wagte er nicht auszusprechen vor der Frau.

»Damals hatten die Tiere genug zu fressen«, sagte sie.

»Ja, damals«, bestätigte er, »damals war alles besser.«

Sie beratschlagten noch, wo sie die Milch vergraben sollten, als es an die Tür klopfte. Es ging einer von Haus zu Haus, eine bedeutende Amtsperson, um Bescheid zu geben, es sei höchste Zeit. Gegen Mittag müssten sie aufbrechen.

Wie um die Dringlichkeit seines Besuches zu bestätigen, begannen hinter den Schneewehen die Kanonen zu donnern. Der Hund schreckte auf und bellte.

»Wer wird sich um die Tiere kümmern?«, fragte die Frau die Amtsperson, die schon gehen wollte.

»Ein paar Tage müssen sie sich selber helfen«,

erhielt sie zur Antwort. »Spätestens übermorgen sind wir wieder zu Hause.«

»Mit Kanonendonner fing es damals auch an«, rief die Frau ihm nach. »Aber es war wenigstens Sommer.«

»Wer nicht flüchtet, wird sterben!«, antwortete die Amtsperson im Weggehen. »Dieser Krieg bringt alle um, die ihm im Wege stehen.«

»Er wird auch die Tiere umbringen!«, schrie der Mann hinter dem Fremden her. Dann lief er vom Hauseingang zum Stall und wieder zurück, wusste nicht, wo er beginnen sollte und ob überhaupt. Der Hund folgte ihm auf Schritt und Tritt.

»Du weißt auch Bescheid«, sagte er zu ihm und klopfte seinen Hals.

Die Frau stand auf der Schwelle. Als die Amtsperson weit genug entfernt war, rief sie ihr nach: »Damit Sie es nur wissen: Wir flüchten nicht!«

Anschließend ging sie aber doch ins Haus, öffnete die Kleiderschränke, warf wärmende Winterkleidung über die Stuhllehne, dachte an Brot, etwas Zucker und Mehl, geräucherte Wurst und Speckseiten.

Der Mann richtete den Wagen her, überdeckte ihn mit einer Plane, legte Heu und Stroh aus als Futter für die Pferde, gleichzeitig als wärmende Unterlage, damit der Wind nicht durch die Bretter pfeifen und den Schnee hineindrücken konnte. Danach kümmerte er sich um die Pferde.

»Ihr habt es gut, ihr dürft mitkommen«, sagte er. »Ohne Pferde geht so eine Flucht überhaupt nicht.«

Er tätschelte ihren Hals, gab reichlich Hafer in die Futtereimer, füllte ihre Tränke, hielt sich länger bei ihnen auf als sonst. Solange die Pferde nicht versorgt sind, können wir nicht fahren, dachte er.

Während sie fraßen, karrte er den Mist nach draußen, sah eine Weile zu, wie die braune Masse auf dem Schnee dampfte. Es kamen Krähen, die über den Misthaufen herfallen wollten.

Die Frau brachte zwei Eier aus dem Hühnerstall.

»Es ist ein Wunder geschehen!«, rief sie. »Mitten im kalten Winter fangen unsere Hühner zu legen an, als wollten sie uns ein Abschiedsgeschenk machen.«

»Ich fahre nicht!«, behauptete der Mann. »Die Pferde wollen auch nicht fahren. Mit wilden Pferden kann kein Mensch auf die Flucht gehen.«

Die Frau öffnete den Hühnern den Auslauf. Die braunen Hennen trippelten im Schnee, als suchten sie Futter. Der Hahn flog auf den Gartenzaun, wie um sich die verschneite Welt von oben anzuschauen.

»Wenn der Krieg kommt, wird er krähen«, sagte die Frau. »Der Hund wird ihn mit Gebell begrüßen, die Kühe werden brüllen.«

»Hühnersuppe«, brummte der Mann. »Sie kommen alle in die Suppe!«

»Im ersten Krieg brieten die Kosaken die Hühner am Lagerfeuer«, erzählte die Frau.

»Ja, im ersten Krieg war Sommer«, bestätigte er.

»Die Katze muss auch mit«, fiel es der Frau plötzlich ein. »Katzen machen keine Umstände.«

Das schwarze Tier streunte um den Holzhaufen. Die Frau rief die Katze, nahm sie auf den Arm und trug sie über den Hof.

Lautlos von Baum zu Baum segelten die Krähen, kamen näher wie der Kanonendonner hinter den Schneewehen. Als sie auf den Misthaufen einfielen, kläffte der Hund sie an.

»Wenn keiner die Tiere füttert, werden sie elendig umkommen«, jammerte die Frau.

»Die nach uns kommen, sind auch Menschen«, antwortete er. »Sie werden sich um die Tiere kümmern.«

»Ja, Hühnersuppe«, sagte die Frau. »Und denk mal an die Schweine. So viel Futter kannst du ihnen nicht hinwerfen, dass sie für ein paar Tage genug haben. Sie werden schreien, dass es unten im Dorf zu hören sein wird.«

»Wenn keiner da ist, kann es auch keiner hören«, antwortete er.

»Wir flüchten nicht, hast du gesagt, aber jetzt holst du die Pferde aus dem Stall«, beschwerte sich die Frau.

»Pack du deine Sachen!«, befahl er.

Sie steckte Brot und Mettwürste in Kopfkissenbezüge, legte Weckgläser mit eingemachten Klopsen dazu, nahm auch einen Beutel Mehl mit für die gute Klunkersuppe und einen Sack Kartoffeln, der besonders warm verpackt werden musste wegen des Frostes.

»An Hunger werden wir nicht sterben«, sagte die Frau.

»Nein, Hunger ist das wenigste«, brummte er.

Die Sonne hatte sich von den Schneewehen gelöst. In ihrer Nähe explodierten kleine Wölkchen, verflüchtigten sich rasch, um neuen Wölkchen Platz zu machen. Nun hörten sie Gewehrfeuer.

Er ging noch einmal in den Stall, füllte die Tränke bis zum Rand, löste die Ketten und befahl den Kühen, sich frei zu bewegen, öffnete ihnen auch die Stalltür, damit sie hinaus könnten, wenn es ihnen gefallen sollte.

»Die Tränke wird dir einfrieren«, sagte die Frau.

»Dann müssen sie Schnee fressen«, antwortete er.

Sie raffte zusammen, was ihr wertvoll erschien: Wäschestücke und Kristallschalen, einen Karton mit Christbaumschmuck, der gerade so herumstand vom Plündern des Weihnachtsbaumes vor einer Woche. Der schwarzen Katze brachte sie ein Sofakissen in den Wagen.

»Du darfst mitkommen«, flüsterte sie der Katze zu, als sie sie aufs Kissen legte.

Der Mann trug den Schweinen einen Sack Kartoffeln in den Stall, öffnete ihnen den Auslauf, damit sie in den Garten konnten, wenn es ihnen gefallen sollte.

»Wie das wohl aussieht, wenn unsere Schweine bis zum Bauch im Schnee durch den Garten laufen?«, sagte die Frau.

»Im Sommer wäre alles besser.«

»Ja, im Sommer«, seufzte sie.

Ein Krähenpulk ließ sich auf dem Stalldach nieder.

»Wenigstens unsere Störche sind in Sicherheit«, erklärte die Frau. »In Afrika ist kein Krieg.«

»Weißt du noch, wie viele Störche im ersten Krieg umgekommen sind?«, fragte er. »Die Soldaten machten sich einen Spaß daraus, sie von den Dächern zu schießen. Aber im nächsten Sommer kamen genug Störche wieder.«

Die Krähen verhielten sich ruhig.

»Die warten nur darauf, dass wir abhauen«, sagte er. »Dann gehört den schwarzen Brüdern der ganze Hof. Wenigstens die Krähen werden eine gute Zeit haben.«

Die Frau trug die Katze zurück ins Haus. »Ich kann nicht fahren!«, rief sie ihm zu.

»Wenn es so ist, werden wir sterben«, sagte der Mann.

Er ging zu den Pferden, redete ihnen gut zu, sprach von einem warmen Stall am Ende aller Reisen und einer Gegend, in der Sommer sein wird. Wenn der Hunger gar zu groß wird, schlachten sie auch Pferde, fiel ihm ein. Und sollten sich die Tiere auf eisglatter Straße ein Bein brechen, gibt man ihnen die Kugel.

Darüber verlieren wir lieber kein Wort.

Während er sich mit den Pferden abgab, kam ein Trupp Soldaten vorbei. »Was, ihr seid noch hier?!«, rief einer über den Gartenzaun. Ein anderer schoss in den Krähenpulk auf dem Dach. Die Pferde erschraken, und die Krähen flüchteten zum Waldrand.

»Seht zu, dass ihr verschwindet!«, riefen die Soldaten. »Hinter uns kommt keiner mehr.«

»Es müsste verboten werden, im Winter Krieg zu spielen!«, schrie der alte Mann ihnen nach.

Die Frau trat vor die Tür und sah zu, wie die ersten Wagen sich vor der Chaussee sammelten.

»Sie fahren alle«, flüsterte sie, holte Katze und Sofakissen wieder aus dem Haus und verwahrte das schwarze Tier auf dem Wagen.

»Auch der Hund kommt mit«, entschied er. »Obwohl es eine Last ist mit Hunden. Warum soll ein Hofhund einen leeren Hof bewachen? Wenn er bellt, werden sie ihn totschießen.«

Er befahl dem Hund, auf den Wagen Acht zu

geben. Rex legte sich vor die Pferde in den Schnee und winselte unruhig.

»Der weiß auch, was los ist«, sagte der Mann.

»Am einfachsten geht es mit den Kaninchen«, fiel der Frau ein. »Denen öffnen wir die Türen und lassen sie wie die Wildhasen durch die Gegend hoppeln. Bestimmt werden sie Junge kriegen, und wenn wir wiederkommen, ist der Hof voller Kaninchen.«

Er hatte den Einfall, die Kühe in den Wald zu treiben. Da könnten sie sich, wenn es länger dauert, von Ästen und Baumrinde ernähren. Im Wald sind sie sicher.

Die Krähen, die nach der Schießerei geflohen waren, kehrten zurück und gingen im hohen Eschenbaum nieder. Sie verhielten sich ruhig und warteten darauf, dass ihnen alles gehörte.

Immer mehr Wagen versammelten sich vor der Chaussee. Die Amtsperson sprengte zu Pferde durchs Dorf, um zu sagen, dass es höchste Zeit sei.

»Ich werde noch die Kühe in den Wald treiben«, entschuldigte der Mann die Verzögerung.

Mit der Peitsche jagte er sie aus dem Stall. Auf dem Acker standen sie, glotzten ihn traurig an, einige brüllten. Ihre Mäuler dampften, der Atem gefror ihnen zu Raureif.

»Die fühlen sich hier zu Hause«, sagte die Frau, »sie lassen sich nicht in den Wald jagen.«

»Damals stand das Gras mannshoch«, erzählte

er. »Der zweite Schnitt war noch nicht gemäht, sogar Hafer auf dem Halm fanden die Tiere.«

»Ja, es war ein schöner Sommer«, seufzte die Frau. Sie fragte ihn, ob sie noch das Mittagessen auftragen sollte.

In diesem Augenblick verstummte der Kanonendonner.

»Nun kommen sie«, sagte er und half ihr auf den Wagen.

Die Kühe standen wie Denkmäler im Schnee. Als das Fuhrwerk sich in Bewegung setzte, brüllten sie ihnen nach.

»Wer soll sie abends melken?«, fiel der Frau ein.

»Die nach uns kommen, brauchen auch Milch.«

Rex lief neben dem Wagen. Ab und zu blickte er auf, so als wollte er fragen, ob es der rechte Weg sei. Manchmal blieb er stehen und schaute zum Hof zurück, wo die Krähen gerade einfielen und die Herrschaft übernahmen.

Hohe Mittagszeit, aber die Schornsteine gaben keinen Rauch von sich. Niemand kochte Suppe. Das Dorf fiel gerade in Winterschlaf. Nur Tiere gab es reichlich. Kühe standen unter dem schwarzen Geäst der Apfelbäume, Schweine wühlten die Gärten um, auf dem zugefrorenen Teich drückten Scharen von Kaninchen Spuren in den Schnee.

»Wenn wir wiederkommen, wird der Schnee in meiner Küche liegen«, jammerte die Frau.

»Wenn wir wiederkommen, ist Sommer«, antwortete er.

Bevor sie die Chaussee erreichten, sprang die Katze vom Wagen und lief in der Spur zurück nach Hause.

»Mit Katzen ist nichts anzufangen«, schimpfte er, »die machen, was sie wollen.«

»Die Tiere wissen wenigstens, wo sie hingehören«, sprach die Frau. »Nur wir treiben uns in der Weltgeschichte herum.«

Er befahl dem Hund, bei ihnen zu bleiben. Obwohl es eine Last war mit so einem Tier. Niemals würde er einen Soldaten bitten, den Hund zu erschießen.

Sie bogen mit den anderen auf die Chaussee. Westwärts ging es unter blätterlosen Linden. Keine Rinderherden weit und breit. An der Böschung lagen die Kadaver verendeter Tiere. In vier Monaten werden sie zurückkehren, die großen Rinderherden, um nach Osten zu ziehen zu unbekannten Zielen. Dann wird Sommer sein, und es werden Butterblumen blühen, so weit das Auge reicht. Ja, im Sommer ist alles besser.

Das Märchen vom kleinen Hinkefuß

Warum hast du einen lahmen Fuß, Kind? Bist du hingefallen?

Ach ja, gefallen, so viele sind gefallen.

Wo ist dein Vater, Hinkefuß?

Maikäfer flieg, der Vater ist im Krieg …

Ist er auch gefallen?

Als er nach Hause kam, hatte er einen lahmen Fuß wie ich. Großer Gott!, rief er. Du hast mir eine Frau und fünf gesunde Kinder geschenkt und übrig geblieben ist ein kleiner Hinkefuß! Damals konnten die Väter noch weinen.

Erzähl von deinem Fuß, Kind.

Ach, das ist lange her. Wir lebten auf einem Bauernhof nahe der großen Stadt. Mit uns waren Kühe, Pferde, ein Hofhund, Hühner und Gänse. Mein großer Bruder hieß Fritz, die kleinen Brüder Günther und Manfred und die jüngste Schwester Marlene. Unsere Mutter war so schön wie die Blumen im Garten.

Hattest du damals schon einen lahmen Fuß?

I wo, ich konnte laufen und springen wie die anderen, ich bin sogar auf Pferden geritten.

Wie war das mit dem Krieg?

An meinem fünften Geburtstag ging Vater zu den Soldaten. Er nahm mich auf den Arm und versprach: Wenn ich heimkomme, spannen wir die Pferde vor die Kutsche und fahren in die große Stadt. Ihr sollt das schöne Schloss sehen, den Dom, die Türme und Tore, und am Nachmittag gehen wir in den Tiergarten zu den Elefanten.

Erzähl von deinem Fuß, Kind.

Es war Winter, als der Krieg kam. Wir konnten ihn nicht sehen, aber aus der Ferne hörten wir ihn. Mutter spannte die Pferde vor den Wagen. Wir müssen in die Stadt, sagte sie an dem Morgen, als der Krieg kam. In der Stadt sind wir sicher. Es ist eine große, mächtige Stadt mit dicken Mauern und Toren; niemals wird der Krieg in eine solche Stadt kommen.

Es lag aber viel Schnee in jenen Tagen und die Straßen waren verstopft mit Wagen, die alle in die Stadt fahren wollten. Pferde glitten aus, Räder zerbrachen und einige Wagen rutschten in den Graben. So fuhren wir, und der Krieg fuhr hinter uns her und wurde immer lauter. Singt, Kinder, singt, rief unsere Mutter. Wir sangen, so laut wir konnten, aber der Krieg sang lauter. Er rumorte in den Chausseebäumen, er riss Pferdefuhrwerke in Stücke und hängte Bettlaken in die Baumkronen.

Sterben können wir auch zu Hause, sagte Mutter.

Also kehrten wir um, fuhren dem Krieg entgegen und kamen gerade rechtzeitig vor ihm zu Hause an. Fritz brachte die Pferde in den Stall, Mutter heizte den Ofen ein in der kleinen Kammer, in der früher Großmutter gelebt hatte. Es stand auch noch der Tannenbaum vom Weihnachtsfest in der Stube. Mutter steckte neue Kerzen auf, sie sagte, wir sollten Weihnachtslieder singen, das werde helfen. Während wir aßen und tranken, erzählte Mutter vom nächsten Sommer und dass es viel schöner sei, im Sommer in die große Stadt zu fahren. Wir saßen im Kreis und warteten auf den Krieg. Wenn es draußen donnerte und Marlene weinen wollte, rief unsere Mutter: Singt, Kinder, singt!

Am Morgen kam er. Wir wunderten uns über seine Stille. Wir hörten nur, wie er die Haustür öffnete. Kora bellte, da fiel ein Schuss, und es war wieder still. In der Küche Stimmen, dann Schritte, eine Fensterscheibe klirrte. Ein Fußtritt stieß die Tür zu unserer Kammer auf. Zwei runde Gesichter schauten herein. Als sie sahen, dass nur eine Mutter mit fünf Kindern in der Kammer hockte, lachten die Gesichter. Der eine Soldat sprach etwas, das wir nicht verstanden. Dann griff er unsere Mutter und zerriss ihr das Kleid. Der andere Soldat jagte uns aus der Kammer, Mutter blieb allein mit den Soldaten. Wir wussten nicht, was mit ihr geschah. Bei den Tieren hatten wir es oft gesehen, bei den Kühen, Pferden und Schweinen, aber dass Menschen es auch tun konnten, wussten wir nicht. Erst an jenem Morgen, als der Krieg kam, haben wir es erfahren.

Als die Soldaten ihre Arbeit getan hatten, gaben sie Marlene einen Bonbon und gingen zu ihrem Krieg, der auf der Straße vorüberzog zur großen Stadt hin.

Wir werden auch das überleben, sagte unsere Mutter.

Wie ging es weiter, Hinkefuß?

Als der Krieg durchgezogen war, lebten wir allein auf unserem Hof. Wir hörten den Krieg nur aus der Ferne, wie man den Sturm hört, wenn er in den Bäumen rüttelt. Unsere Mutter trug schwarze Kleider, sie band sich Tücher um den Kopf und sah aus wie die Großmutter, die früher in der Kammer gelebt hatte. Wenn Soldaten ins Haus kamen, klammerten wir uns an sie und gaben sie nicht her, bis die Soldaten fortgingen, denn sie konnten kleinen Kindern nichts Böses tun. Wenn sie Mutter allein auf der Straße trafen oder bei der Arbeit im Garten, fielen sie über sie her.

Haben sie dir wehgetan, Hinkefuß?

Ja, es kamen Soldaten, die sich über mich geworfen haben, so wie sie es mit Mutter getan hatten.

Erzähl weiter, Hinkefuß.

Eines Tages, der Frühling begann schon zu wärmen, sahen wir die große Stadt untergehen. Sie schmückte sich mit einem roten Kranz, trug weiße Schleier, die sie an den Türmen aufgehängt hatten. Ihre Glocken läuteten Sturm, die Orgel im Dom grollte die tiefen Töne, bis sie verstummte.

Nun werden auch die Elefanten im Tiergarten sterben, sagte unsere Mutter.

Als die Stadt tot war, verstummte der Krieg. Auf der Straße zogen die Überlebenden aus der Stadt, auch Soldaten, die der Krieg übrig gelassen hatte.

Ein fremder Soldat kam auf den Hof und befahl uns, in die Stadt zu ziehen. Dort sollten wir die Trümmer räumen, die Stadt sollte wieder schön aussehen.

Wie soll ich mit fünf kleinen Kindern die Stadt aufräumen?, fragte Mutter.

Es ist euer Krieg und es sind eure Trümmer, sagte der Soldat.

So kamen wir doch in die Stadt, wenn auch nicht mit Vaters Kutsche. Wir wanderten auf der Landstraße. Mutter trug Marlene, und wenn sie nicht mehr tragen konnte, nahm Fritz sie auf die Schulter. Waren wir müde, setzten wir uns an den Straßenrand und sprachen von der großen Stadt und den Elefanten im Tiergarten.

Wir kamen an einem Donnerstag an, als die Sonne schien und in den Gärten die Osterglocken blühen wollten. Mutter weinte. Ihr glaubt nicht, was für eine schöne Stadt das einmal gewesen ist, sagte sie.

Aus den Trümmern stieg ein sonderbarer Geruch.

Bestimmt liegen Tote unter den Steinen, sagte Mutter.

Vor dem ersten Tor stand ein Posten, der uns zu einer Baracke am Hafen schickte, denn in der Stadt gab es kein Haus, in dem Menschen hätten wohnen können. Im Hafen wehte ein frischer Wind, dort stank es nicht. In der Baracke lebten schon viele, die die Stadt wieder schöner machen sollten, meistens Frauen mit kleinen Kindern. Sie sprachen kein Wort, als wir ankamen, und die fremden Kinder lachten nicht.

Wer nicht arbeitet, bekommt auch nichts zu essen, sagte der Natschalnik.

Unsere Mutter konnte arbeiten und bekam für jeden Tag ein Pfund Brot und einen Topf Hirsebrei. Fritz und ich arbeiteten auch, aber da wir Kinder waren, gab uns der Natschalnik nur halbe Portionen.

Womit soll ich die Kleinen ernähren?, fragte Mutter.

Sag dem Hitler, er soll den Kleinen Brot geben, antwortete der Natschalnik.

Ach, wären wir nur auf unserem Hof geblieben, jammerte Mutter. Da gab es wenigstens alte Kartoffeln und Rüben, wir könnten auch Brennnesseln und Butterblumen kochen. Aber in einer Stadt muss der Mensch Steine essen.

Erzähl von deinem Fuß, Kind.

Eines Abends, als Mutter aus den Trümmern kam, hatte ich einen heißen Kopf. Sie kochte mir Tee von Kamille, aber die Hitze blieb.

Du bist krank, sagte sie.

Am Morgen trug Mutter mich ins Krankenhaus am anderen Ende der Stadt. Die Schwestern packten mich auf einen Strohsack. Neben mir in der großen Halle lagen alte Männer und Verwundete, die sterben wollten. Es waren auch Doktoren da, die meine Sprache verstanden. Der eine sagte: Kind, es gibt keine Medizin für dich, du musst dir selber helfen.

Sie brachten mir dreimal am Tag eine grüne Suppe. Ich habe wilde Äpfel gegessen, die die Schwestern aus den herrenlosen Gärten holten, und dazu Tee getrunken, den sie Herbata nannten. Vier Wochen habe ich alles gegessen und getrunken, was sie mir gaben, bis ich gesund war. Zurück blieb nur ein lahmer Fuß.

Sei froh, dass du bei uns warst, sagte eine Schwester. Hier hast du nur einen lahmen Fuß bekommen, draußen wärst du gestorben.

Mutter und Fritzchen holten mich ab.

Ach, du armer Hinkefuß, sagte mein Bruder. Mit so einem Bein kannst du nicht mehr in den Trümmern arbeiten.

Bis zur Hochzeit wird alles besser, meinte Mutter und lachte mich an.

Sie stützten mich und wanderten mit mir durch die tote Stadt zu unserer Baracke. Als wir ankamen, gab es gerade ein Geschrei, weil eine Mutter sich und ihre drei Kinder umgebracht hatte. Wir sahen das Blut unter der Tür über die Holzbretter laufen. Mutter schickte uns in die Stube, denn sie wollte nicht, dass wir Blut sahen.

Wenn dein Kind nicht mehr arbeiten kann, bekommt es auch kein Brot, sagte der Natschalnik.

In der Nacht weckte Mutter uns.

Sterben können wir besser zu Hause, sagte sie.

Wir verließen die Stadt durch eines der vielen Tore. Es war ein langer Weg. Oft saßen wir im Gras, um auszuruhen. Ein paar Stunden haben wir im Straßengraben geschlafen.

Wenn erst die liebe Sonne aufgeht, wird alles besser, sagte Mutter.

Weil ich ein Hinkefuß war, mussten sie mich tragen. Auch Marlene hatte viel zu dünne Beinchen für den langen Weg.

Die Sonne ging auf, aber es wurde nicht besser.

Singt, Kinder, singt, es ist nicht mehr weit, rief Mutter.

Wir erreichten unseren Hof an einem Mittag. Kein Lebewesen empfing uns, vor dem Haus wucherten Brennnesseln, Fenster ohne Glas starrten uns an.

Mutter hielt beide Hände vors Gesicht. Plötzlich rannte sie in den Garten und kam mit einer Hand voll Schnittlauch wieder.

Wenigstens etwas ist geblieben, freute sie sich.

Wir zogen in die kleine Kammer, in der Großmutter gelebt hatte.

Lebendig trägt uns hier keiner raus, sagte Mutter.

Fritzchen streifte viel durch die Gegend und suchte Dinge, die wir essen konnten. Einmal kam er nach Hause und sagte, er habe von einem Land gehört, in dem Milch und Honig fließen. Dort sollen gute Menschen leben, die den Kindern Brot geben.

Das Land liegt hinter Strömen und sieben Bergen, sagte Mutter. Bevor du es erreichst, wirst du tot umfallen.

Fritzchen wollte aber doch gehen, um etwas Essen zu holen, aber am Morgen, als er aufbrechen wollte, bekam er einen heißen Kopf und musste viel Kamillentee trinken.

Sie nannten es Hungertyphus. Das ist, wenn der Hunger so groß wird, dass ein Mensch davon Fieber bekommt. Fritzchen starb im August, als unsere Mutter noch Kraft hatte, ihm im Apfelgarten ein Grab zu schaufeln. Eine Woche später starben meine jüngeren Brüder, Manfred an einem Sonntag und Günther am Montag. Mutter besaß immer noch Kraft, sie neben Fritzchen zu beerdigen. Als unsere Marlene starb, weinte sie sehr.

Nun habe ich nur noch dich, Hinkefußchen, sagte sie. Wie gut, dass du damals ins Krankenhaus gegangen bist. Sie haben dir so viel Suppe eingeflößt, du brauchst nicht an Hungertyphus zu sterben.

Eine Woche später wollte Mutter nicht mehr aufstehen. Ich kniete vor ihrem Bett. Vielleicht wird sie aufwachen und etwas sagen, dachte ich. Sing, Hinkefußchen!, wird sie mir zurufen. Aber sie schwieg den ganzen Tag.

Weil ich Durst hatte, humpelte ich zum Brunnen, ließ an einer Kette ein Eimerchen runter, um Wasser zu schöpfen. Da klapperte auf der Straße ein Panjewagen vorbei. Vorn saß ein Soldat, der seinem Pferd Lieder vorsang. Als er mich sah, band er das Pferd an einen Baum und kam zu mir an den Brunnen. Er schöpfte Wasser, und ich trank aus dem Eimer.

Hast du keine Mutter?, fragte er.

Mutter schläft, antwortete ich.

Er ging ins Haus, kam aber bald herausgelaufen, griff meine Hand, hob mich auf den Arm und trug mich zu seinem Wagen.

Euer Gott wird sie begraben, sagte er.

Der Soldat fuhr in die große Stadt, die einmal schön gewesen war. Er gab mir Zwieback zu essen und sang Lieder, die ich nicht kannte. Wir hielten vor einem Haus, in dem viele Kinder lebten, die auch übrig geblieben waren wie ich.

Das sind deine Brüder und Schwestern, sagte der Soldat.

Es war da eine alte Frau, die mich als Erstes auf eine Waage stellte, wie Vater sie zum Abwiegen von Korn und Kartoffeln gebraucht hatte.

Du wiegst sechsundzwanzig Pfund, Hinkefuß, sagte sie. Wenn das Jahr zu Ende ist und du noch lebst, wirst du dreißig Pfund wiegen.

In dem Kinderhaus hatten wir eine schöne Zeit. Es gab viel Suppe zu essen, alle Kinder waren gleich arm und traurig.

Eines Tages stand der Soldat vor der Tür.

Lebt mein Hinkefuß noch?, fragte er.

Da brachte mich die alte Frau zu ihm.

Du wirst es überleben, sagte der Soldat und legte seine Hand auf meinen Kopf. Du sollst groß und stark werden.

Er gab mir ein paar Stücke Würfelzucker. Dann ging er fort, und ich habe ihn nie mehr gesehen.

Manchmal dachte ich in jenen Tagen, ich müsste nach Hause humpeln, um Mutter zu begraben, aber dann fiel mir der Soldat ein, der gesagt hatte, Gott werde sie begraben.

Wie hast du die Stadt verlassen, Hinkefuß?

An einem kalten Herbsttag erschienen Soldaten und sagten: Zieht euch an, ihr Fritzenkinder, ihr fahrt nach Hause.

Auf der Straße hielten wir uns bei den Händen und marschierten in Dreierreihe durch die Stadt, die einmal schön gewesen war. Vor uns ging ein Soldat und hinter uns ein Soldat. Wir sahen aus wie Schafe, die sich in den Trümmern verirrt hatten. Unterwegs begann es zu regnen.

Hier geht es nach Hause, sagte ein Soldat, als wir den Bahnhof erreichten. Ich hatte noch nie einen Bahnhof gesehen. Dieser lag in einem Sumpfgelände, vor ihm und hinter ihm sahen wir weiter nichts als Trümmer. Es standen auch Lokomotiven herum, die vor sich hin rosteten und schon lange keinen Dampf mehr gesehen hatten. Vor dem Bahnhof trafen wir Menschen, die, in Mäntel gehüllt, kamen oder gingen oder einfach so herumstanden. Wir bekamen alle Angst, weil es ein großer menschenleerer, trauriger Bahnhof war.

Die Soldaten führten uns zu Güterwagen, die hinter dem Bahnhof im Regen standen. Dort trafen wir auch eine Lokomotive, deren Schornstein Rauch atmete. Die Soldaten öffneten die Türen.

Springt hinein, sagten sie, das ist euer Zuhause. Mich hoben sie hinauf, weil ich ein Hinkefuß war.

Als wir abfuhren, lag eine große Stille über der Stadt. Niemand war da, uns zuzuwinken. Dabei hatten wir alle eine Mutter gehabt. Es fanden sich auch keine Brüder, Schwestern oder Väter ein, die uns hätten abwinken können. Sie ließen uns allein in die Nacht fahren.

Die Soldaten verriegelten die Türen. Einige

Kinder weinten, weil es so dunkel war in den Wagen. Als der Zug anruckte, begann ein großes Geschrei.

Wir fuhren Tage und Nächte zu einem Zuhause, das niemand kannte. In einer Stadt, die auch nicht mehr schön aussah, hielt der Zug. Die Kinder, die unterwegs gestorben waren, musste auch der liebe Gott begraben.

Und dann war da mein Vater. Er war gekommen, mich abzuholen. Als er mich sah, weinte er. Nun müssen wir beide gemeinsam durchs Leben humpeln, sagte er nur.

Nach einer Weile beugte er sich zu mir und flüsterte: Sag mir, wo sind die anderen geblieben?

Ach, wenn sie nicht gestorben wären, lebten sie noch heute.

Plau am See

Das Osterfest wollten sie im Frieden feiern, aber es zog sich hin. Während der Frühling längst eingetroffen war, ließ der Frieden auf sich warten. Seit Tagen rumpelten die Wagen durch die Stadt. Die Menschen kampierten in Scheunen und Ställen, einige zogen in die Bootsschuppen am See, andere schliefen auf den Wagen, mit denen sie gekommen waren.

Leinius ließ Zettel an die Bäume heften: Taufgottesdienst am Ostermontag, 11 Uhr, in der Backsteinkirche zu Plau am See.

Die Menschen warteten auf freundlichere Tage. Der letzte Schnee sollte schmelzen, das Eis brechen. Am Ostersonntag lag eine Wärme über dem Land, als wäre schon Frieden.

Es gab noch Glocken. Sie läuteten am Morgen, und als Leinius seine Kirche betrat, sah er zwölf Frauen in der ersten Bankreihe, die ihre Neugeborenen, in Decken und Handtücher gewickelt, auf dem Arm trugen. Als das Orgelspiel einsetzte, standen sie auf, versammelten sich im Halbkreis um das Taufbecken.

Leinius dachte an die zwölf Apostel.

Er kannte keine der Frauen. Sie gehörten zu den vielen Fremden, die in den letzten Tagen mit der anschwellenden Flut ins Städtchen gekommen waren. Einige hatten Tücher um den Kopf gebunden, ihre Kleider hingen ihnen bis zu den Knöcheln.

»Gibt es keine Väter?«, fragte er.

Die Frauen schauten sich verlegen um.

»Es ist doch Krieg«, antwortete eine der Frauen.

»Und wo sind die Taufpaten?«, forschte er weiter.

Sie hatten keine finden können. Sie hatten nur sich und die Kleinen und ein paar größere Kinder, die hinten in den Bänken saßen und mit den Füßen scharrten.

Bevor er den Täuflingen das Wasser gab und sie segnete, ließ er die Frauen vortreten und die Namen der Kinder nennen:

Angelika Brosius, geboren am 29. Januar in einer Schule bei Stargard, Ingeborg Bleibtreu, geboren am 3. Februar auf der Landstraße nahe Stolp, Dieter Machan, geboren am 7. März auf einem Minenräumboot vor der Halbinsel Hela, Gretel Sablowski, geboren am 2. Februar auf einem Leiterwagen zwischen den Städtchen Landsberg und Zinthen.

Eine der Frauen sprach ein gebrochenes Deutsch. Sie gab zu verstehen, dass sie von jenseits der Memel komme, ihr Kind Iwonka sei am 6. Februar im Hafen von Swinemünde geboren. Es habe einen Soldaten zum Vater, den sie zu finden hoffe, wenn nicht in Plau am See, dann an einem anderen See.

Jürgen Oblewski, geboren am 15. Februar auf dem Eis des Frischen Haffs, Günter Biesterfeld, geboren am 7. März in einem Greifswalder Luftschutzbunker, Gerhard Schutta, geboren am 23. Januar im letzten D-Zug von Königsberg nach Berlin.

Eine Frau sagte, sie sei katholischen Glaubens, wünsche aber unbedingt die Taufe ihres Kindes, auch wenn es in einer evangelischen Kirche geschehe. Wer weiß, was dem Kind noch zustoßen könne, dann sei es wenigstens getauft.

Annegret Weiß, geboren am 14. Februar im Zug von Prenzlau nach Neubrandenburg, Hartmut Piontek, geboren am 31. Januar auf der Nehrungsstraße nahe Kahlberg, Elise Kossak, geboren am 26. Januar im Dom zu Frauenburg, Werner Lipski, geboren am 3. Februar in einer Hafenhalle von Danzig-Neufahrwasser.

Leinius taufte und segnete sie alle. Er sprach von großer Zuversicht. Das Elend der letzten Tage habe nicht nur Leben genommen, sondern auch neues Leben gegeben.

Sonnenlicht fiel durch die bunten Scheiben und ließ die Gruppe farbenfroh erscheinen. Weil sie kaum noch Kraft besaßen, gestattete ihnen

Leinius, sich auf die Bänke zu setzen. Während er segnete, stillten sie ihre Kinder. Keines weinte.

Vier Wochen später endete der Krieg, und sie lebten immer noch.

Heimkehr in ein fremdes Land

Als das neue Jahrtausend begann, öffnete das große Russland seine Archive. Sofort erhoben sich endlose Zahlenreihen, männlich und weiblich, aus vergilbten Listen, verließen ihre Erdhöhlen und begaben sich auf eine Wanderung westwärts. Wir sind auch noch da!, riefen sie. Aus den Kohlengruben am Donez stiegen sie ans Tageslicht, verließen die Steinbrüche Kaukasiens, jenseits des Uralgebirges versammelten sie sich, um mit der Sonne nach Westen zu ziehen. An den Staudämmen der Wolga legten sie die Arbeit nieder, in Workuta brachen sie auf aus der Kälte, schließlich leerte sich die tatarische Steppe.

Es gab noch jene Eisenbahnstrecken, auf denen sie vor fünfundfünfzig Jahren in den Osten gefahren waren. Zurück fuhren sie nicht mehr in offenen Güterwagen, sondern in gepolsterten Sesseln. Auf dem Gang dampfte der Samowar. Kein eisiger Wind ließ ihre Glieder klappern, kein Schnee fegte durch die Ritzen. Sie mussten in der Frühe keine Toten an den Bahndamm legen, denn alle, die westwärts fuhren, waren schon tot. Niemand hatte ein halbes Jahrhundert Russland überlebt.

Ob schon Frieden ist?, fragten sie, die als Allerletzte den Krieg erlebt hatten.

Die Züge fuhren über die Ströme, die sie kannten. Die Wolga brannte nicht mehr, der Don war wieder still, die Newa führte kein Eis, der Memel hatten sie den Namen genommen, und schließlich der San, an dem es begonnen hatte. Als der Zug die gedachte Linie überfuhr, die sie für eine Grenze hielten, begannen sie zu singen. Aber es waren die Lieder einer vergangenen Zeit, die niemand mehr hören konnte.

Ob es noch ein Wunder an der Weichsel gibt?

Wie werden sie uns empfangen?, fragten sie sich, als ihr Zug auf die mitteleuropäische Spur gesetzt wurde.

An der Oder wartete niemand. Die, an die sie gedacht hatten, lebten auch nicht mehr. Sie trafen Fremde, die sich nur wunderten. Wo kommt ihr her?, fragten sie. Euch gibt es doch gar nicht.

Sie klopften nachts an die Fenster, aber niemand öffnete. Ihre Bilder hingen nicht mehr in den Stuben, andere lachten von den Wänden. Wir sind ihnen fremd geworden, sagten sie und zogen zu den Friedhöfen. Auch dort waren sie vergessen. Ein neues Jahrtausend war angebrochen und hatte alle Aufbewahrungsfristen gelöscht.

Ach, es wäre besser, in die Gräber zurückzukehren. Wir stören nur und sind allen, die noch leben, ein Ärgernis.

Das große Russland hat die Archive geöffnet, schrieben die Computer an jene, die vor fünfzig Jahren ihre Suchanträge gestellt hatten. Wir haben die Zahlenreihen durchgesehen und nur schwarze Kreuze gefunden. Aber wir können Ihnen mitteilen, dass jemand gestorben ist, und zwar in Tschuwaschien am 7. Mai 1946. Kein Wort über die Tränen, die bis zum 7. Mai vergossen wurden, und schon gar nicht über die Nächte in Tschuwaschien.

Und ein anderer ist gestorben am 23. Mai 1945 im Lager ORB 1101. Wo in diesem endlosen Russland mag das gewesen sein? Der Krieg war gerade zu Ende. Warum noch sterben? Ob es Typhus gewesen war oder Hunger, wussten die Computer nicht. Sie konnten auch nicht weinen. Sie sagten nur, es wäre vielleicht ein Trost, nach so langer Zeit zu erfahren, was in Tschuwaschien geschehen ist.

Einige Briefe kamen zurück an die Computer. Der Adressat war verstorben, bevor das große Russland seine Archive öffnen konnte. Die Zahlenreihen legten sich zur Ruhe, ohne gezählt worden zu sein, man sagte auch, sie seien überzählig.